Para líderes que quieren lo mejor para sus jóvenes

LECCIONES Bíblicas Creativas

ESTEBAN OBANDO & RAFAEL ZELAYA

LOS PROFETAS

12 lecciones para desarrollar un carácter firme

La misión de Editorial Vida es ser la compañía líder en comunicación cristiana que satisfaga las necesidades de las personas, con recursos cuyo contenido glorifique a Jesucristo y promueva principios bíblicos.

LECCIONES BÍBLICAS CREATIVAS: LOS PROFETAS
Edición en español publicada por
Editorial Vida – 2011
Miami, Florida

© 2011 por Esteban Obando y Rafael Zelaya

Edición: *Madeline Díaz*
Diseño interior: *Base creativa*

RESERVADOS TODOS LOS DERECHOS. A MENOS QUE SE INDIQUE LO CONTRARIO,
EL TEXTO BÍBLICO SE TOMÓ DE LA SANTA BIBLIA NUEVA VERSIÓN INTERNACIONAL.
© 1999 POR BÍBLICA INTERNACIONAL.

ISBN: 978-0-8297-5985-3

CATEGORÍA: Juvenil no ficción /Estudios bíblicos

IMPRESO EN ESTADOS UNIDOS DE AMÉRICA
PRINTED IN THE UNITED STATES OF AMERICA

11 12 13 14 15 ❖ 6 5 4 3 2 1

Contenido

INTRODUCCIÓN. 5

¿CÓMO USAR ESTE MATERIAL? 9

¡LÉEME ANTES DE EMPEZAR! 13

LOS PROFETAS: UNO A UNO 17

LECCIÓN 1: **OSEAS PRESENTA** 21
El conocimiento de Dios

LECCIÓN 2: **JOEL PRESENTA** 29
El arrepentimiento

LECCIÓN 3: **AMÓS PRESENTA** 39
La dureza de corazón

LECCIÓN 4: **ABDÍAS PRESENTA** 47
El orgullo

LECCIÓN 5: **JONÁS PRESENTA** 57
El enojo

LECCIÓN 6: **MIQUEAS PRESENTA** 67
La verdadera religión

LECCIÓN 7: **NAHÚM PRESENTA** 79
La paga del pecado

LECCIÓN 8: **HABACUC PRESENTA** 87
La justicia de Dios

LECCIÓN 9: **SOFONÍAS PRESENTA** 95
Supersticiones sincretistas

LECCIÓN 10: **HAGEO PRESENTA** 103
La búsqueda de prioridades

LECCIÓN 11: **ZACARÍAS PRESENTA** 113
Nuevos inicios

LECCIÓN 12: **MALAQUÍAS PRESENTA** 121
La verdadera adoración

INTRODUCCIÓN

¡DE OTRO MUNDO!

¿Cuál es nuestra meta en el ministerio juvenil? ¡Que la vida de los jóvenes sea transformada por medio de la Palabra de Dios y logren tener una relación personal con Jesús! No importa si no te agradecen por lo que haces o dejas de hacer. Lo que interesa es que la vida de los muchachos esté experimentando transformaciones positivas. Sabemos que es difícil, sin embargo, te animamos a que pienses en la gran posibilidad que tienes de impactar a otras personas, a tus jóvenes, y con ellos a toda una generación. Así que no te sientas como de otro mundo, sabemos lo difícil que puede ser este trabajo. No eres el único que ha estado ahí. Estamos contigo.

Por otro lado, tenemos la responsabilidad de enseñar toda la Biblia (no solo las partes fáciles o las que nos convienen), ya que según ella misma afirma: «TODA la Escritura es inspirada por Dios y útil para enseñar, reprender, corregir e instruir en la justicia, a fin de que cada joven esté bien capacitado para toda buena obra» (2 Timoteo 3:16-17, paráfrasis).

Queremos recordarte algunas cosas de la vida cotidiana de nuestros chicos que debes tener en cuenta a fin de desarrollar clases más impactantes:

1. *Prioridades*. Perder el tiempo, no hacer nada, ver televisión, los videojuegos, los reproductores, los juegos «on line», los Play Station, los Xbox, entre otras cosas, se han vuelto la actividad principal de muchos de los adolescentes. Cumplir los sueños, lograr metas o

crecer de forma integral se predica poco y se practica mucho menos entre esta esfera de la población.

2. *Familia.* Algo serio está sucediendo con las familias. El diablo está haciendo de las suyas con esta maravillosa institución que Dios creó. El Señor ordenó: «Sean fructíferos y multiplíquense; llenen la tierra...» (Génesis 1:28). Sin embargo, cada día los divorcios se multiplican. Parece haber más divorcios que parejas que se casan, y es importante que tomes en cuenta esto, ya que de seguro muchos de tus chicos estarán enfrentando esta situación.

3. *Amigos.* Existe una relación intrínseca entre ser adolescente y tener amigos. Tenemos dos posiciones y una realidad. A algunos de los chicos les cuesta hacer amigos, hablar con alguien o simplemente saludar. Vemos esto en la escuela, la iglesia y muchos otros contextos en los que se desenvuelven. Simplemente, no han aprendido a ser y hacer amigos. Por otro lado, existe la necesidad de ser entendidos por sus pares y pertenecer a un grupo.

4. *Sociedad y medios.* Cada día se dictan transformaciones culturales que someten a los jóvenes a acciones imprudentes. La cultura de la imagen castiga con dureza a muchas chicas. Ellas pasan muchas horas en el gimnasio hasta desmayar a fin de tener el cuerpo de la artista del momento. Hoy más que nunca los medios de comunicación tienen un impacto transformador en la perspectiva de vida de muchos chicos, quienes creen que este mensaje es veraz y confiable.

5. *Convicciones.* La Biblia, Dios, Jesús o el Espíritu Santo no son más el centro de partida para tomar decisiones, actuar, pensar o hablar. Si existen convicciones, estas se transforman según la situación. «Todo depende» es el lema hoy día. Los valores se adaptan a los propios pensamientos y el estilo de vida. Ya el absoluto de Dios «pasó de moda».

6. *Modelos.* A pesar de tanta corrupción en nuestra sociedad, nuestros chicos aún necesitan figuras a las que imitar. Necesitan referentes que les muestren cómo vivir una vida en el temor de Dios. ¡Esta sección es particularmente importante, ya que sin duda alguna TÚ ERES UNO DE ESOS MODELOS!

Con todo lo anterior en mente, hemos creado estas lecciones a fin de trabajar con esos chicos y que los puedas guiar a un cambio espiritual que redunde en una transformación integral de sus vidas. Te damos estas herramientas por medio de este libro para que puedas continuar con el trabajo ya iniciado. Somos compañeros en este sueño, somos compañeros en este viaje, somos compañeros de trinchera.

¿CÓMO USAR ESTE MATERIAL?

Esta sección te va a guiar paso a paso en el desarrollo de cada lección. Es importante que entiendas todo esto, ya que facilitará el adecuado desenvolvimiento de tu clase. Cada clase se compone de varias secciones a fin de que las utilices con tus chicos.

TEN EN CUENTA LOS SIGUIENTES CONSEJOS:

1. Este libro te da sugerencias de lo que puedes hacer, pero no debes «amarrarte» a las mismas. Usa tu imaginación y mejora cada lección. Siéntete en libertad de hacer cambios según tus propias ideas

2. Los libros de los profetas están escritos en un idioma que tus jóvenes no utilizan (lenguaje profético), así que facilítales el entendimiento usando una versión de la Biblia que puedan comprender. Te recomendamos la Nueva Versión Internacional.

3. Estas lecciones están diseñadas para que duren cerca de una hora. En algunos casos tendrás más o menos tiempo, así que conviene que calcules bien lo que vas a hacer para que controles tu tiempo.

4. Los grupos juveniles varían de tamaño en cada iglesia. Contextualiza cada actividad para lograr la mayor efectividad posible. Si trabajas con grupos pequeños, deberás hacer algunos cambios según lo consideres.

5. Es muy importante que antes de cada lección busques a otros líderes o facilitadores que te ayuden con la misma. Debes hacerlo con tiempo

para que estas personas sepan exactamente en qué consiste la lección y sean un apoyo para los jóvenes en la enseñanza.

6. Ten en cuenta que el mejor aprendizaje tiene lugar cuando los propios chicos descubren las verdades. Una vez aclarado esto, recuerda utilizar mucho el recurso de hacer preguntas. Permíteles participar una y otra vez. Hazles preguntas que reten su intelecto y los obliguen a pensar. No hagas preguntas que puedan contestarse con «sí» y «no», sino algunas que estimulen sus neuronas.

7. ¿A quién no le gustan las historias? Cada profeta te ofrece una historia particular en un contexto específico. Antes de que entres al meollo de lo que quieres enseñar, transporta a tus jóvenes al momento que vivía el profeta. Llévalos a un mundo muy diferente al de ellos, pero con problemáticas similares, permitiendo que se entusiasmen.

8. El espacio físico es muy importante. Si las reuniones se realizan en el mismo salón donde celebran los servicios para los adultos los domingos, asegúrate de crear un ambiente más informal. Si la capacidad total es de cien personas, pero tu grupo solo cuenta con cuarenta integrantes, haz algo para diferenciar las sillas restantes de las cuarenta que ocuparán tus jóvenes. La idea es que se sientan en un ambiente informal y seguro. Si disponen de un salón aparte, mucho mejor. Intenta que se sientan cerca y cómodos donde estén.

9. Cada lección se divide de la siguiente manera:
   - **Título:** Indica el tema central sobre el que hablaremos. Cada lección puede llevarte a muchos microtemas, pero nos enfocaremos en uno por lección.
   - **Textos claves:** Estudiar todo el libro profético verso a verso te tomaría horas. Te aconsejamos verlo todo de una forma general, pero enfocándote en algo particular que se vivió en ese tiempo. Además, añadimos algunos versículos más que te pueden apoyar en la enseñanza.
   - **Objetivos:** Esta sección responde a la pregunta: ¿Qué deseo lograr con mis jóvenes? Es importante que siempre estés claro en

cuanto a lo que quieres. Recuerda que el que no le apunta a nada, nunca da en el blanco. ¡Sé específico!

- **Lo que necesitarás:** Este punto contiene cada cosa que necesitarás durante la lección. No dejes de leerlo antes para que nada te tome por sorpresa.
- **Antes de empezar:** En algunas lecciones te daremos algunos consejos de qué hacer antes de empezar la clase. Recuerda que una lección efectiva comienza mucho tiempo antes de que la estés enseñando. No te olvides de hacer las cosas con excelencia para tus chicos.
- **Para empezar: Rompehielos:** El primer paso consiste en la introducción o en romper el hielo. Cada actividad va encaminada en la misma dirección del tema que queremos tratar.
- **Caso de estudio:** Muchos chicos no logran aplicar a sus vidas las verdades bíblicas. Así que algunas lecciones contarán con un caso de estudio que les demostrará a los adolescentes en términos prácticos las lecciones que están estudiando, de modo que puedan ver que la Palabra de Dios es aplicable a sus vidas.
- **Trasfondo general:** Cada profeta vivió experiencias diferentes, y en esta sección ponemos en perspectiva cada una de esas vivencias. La idea es que entres al tema conociendo de antemano las generalidades.
- **Al grano: Eje central:** El eje central es la lección propiamente. Hemos preparado un material llamado EJE CENTRAL que puedes usar en los grupos pequeños con facilitadores. Este líder será clave para que el tema se desarrolle de forma adecuada. Encontrarás dinámicas generales y en grupo. Usamos el recurso de los grupos pequeños porque esto le da espacio al joven para que pueda participar en un grupo menos intimidante de solo cuatro o cinco personas. Intenta cambiar la manera de organizar los grupos cada vez que utilices esta dinámica. Puedes formar los grupos según las edades, el género, el lugar donde viven, el modo en que estén vestidos, etc. Busca maneras creativas para establecer los grupos. No uses siempre el mismo criterio.
- **Tiempo de aplicación:** Si lo que enseñas no puede ser llevado a la práctica, solo estamos llenando el intelecto de los chicos. Asegúrate de idear cómo aplicar las verdades a sus vidas. Las aplicaciones

generales te hablarán de principios que pueden ser llevados a la práctica como iglesia o grupo, mientras que las aplicaciones específicas le hablarán al joven de qué hacer a nivel personal.

- **Memorización de versículos:** Hemos introducido una aplicación más en cada lección que tiene que ver con memorizar los versículos bíblicos. Sé creativo a la hora de enseñarlos. Recuerda que estamos hablando de la Palabra de Dios. En algunas lecciones te sugerimos ideas para esta memorización. Puedes llevarlas a cabo, modificarlas o emplear otras que se adapten mejor a tu contexto.

10. Asegúrate de leer todo el libro del profeta al menos en dos versiones diferentes antes de impartir la lección. Es importante que conozcas todo el contexto y no solo la porción que vas a enseñar. Si no sabes exactamente de qué está hablando el profeta, busca las ayudas que te damos o las que encuentres en algún diccionario bíblico o comentario, o acude a tu pastor.

¡LÉEME ANTES DE EMPEZAR!

Los profetas menores

¿Por qué les llamamos así? A diferencia de lo que puedas creer, esto no significa que fueran profetas jóvenes, sino que el tamaño de sus libros, a diferencia de aquellos que escribieron los profetas mayores, es mucho más reducido. Por ejemplo, el libro de Isaías tiene sesenta y seis capítulos, el de Jeremías cincuenta y dos, y el de Ezequiel cuarenta y ocho.

Los profetas menores son doce, y de ellos justamente trata este libro. Indagaremos sus vidas, sus historias, sus romances, sus luchas y quejas, a fin de encontrar la verdad revelada por Dios a través de sus testimonios. En este libro encontrarás una faceta de Dios de la cual no escuchamos muy a menudo en nuestros días. Sin embargo, esa verdad está ahí escrita, esperando a que la encontremos, la escudriñemos, la interioricemos y la pongamos en práctica.

Es importante que conozcas el panorama histórico general de lo que sucedió en el pueblo de Israel antes, durante y después de estos profetas para que puedas relacionar mejor a cada uno de estos hombres dentro del contexto y las fechas. Es más, si bien el libro contiene doce lecciones a desarrollar, te animamos a que tengas una lección introductoria en la cual puedas enseñar el siguiente panorama general y ubicar las siguientes lecciones dentro de ese contexto. Puedes utilizar el gráfico que encontrarás más abajo, el cual contiene el orden cronológico de la aparición de cada uno de los profetas.

Profetas

Es muy valioso que empecemos definiendo al profeta en los tiempos bíblicos. En la actualidad, la profecía está muy limitada a alguien que predice ciertos sucesos futuros, concernientes a alguien en particular o una iglesia local. Sin embargo, la profecía en los tiempos del Antiguo Testamento abarcaba al menos tres áreas esenciales:

1. Entregarle el mensaje de Dios al pueblo.
2. Denunciar el pecado personal o del pueblo.
3. Predecir acontecimientos futuros que Dios le revelaba.

Esta es una definición más completa de las funciones proféticas, y vamos a encontrar cada una de ellas en los profetas menores.

Contexto e historia de Israel

Vale la pena hacer un recuento general de lo que sucedía en la nación de Israel durante los tiempos de los profetas menores.

El primer rey de Israel fue Saúl, el cual resultó desechado por Dios (1 Samuel 10:1; 15:26). En su lugar vino a reinar el gran David, con el que Dios hizo el famoso pacto davídico (2 Samuel 7:16). Este pacto consistía en lo que llamamos una «dinastía eterna». Tal cosa significa que Dios le prometió a David que cuando él muriera, sus hijos serían reyes por toda la eternidad, siendo el último de ellos JESÚS. El siguiente rey fue el hombre más sabio del planeta: Salomón, y después de él reinó su hijo, Roboán. Cerca del año 930 a. C., este rey se enfrentó a una decisión muy difícil (1 Reyes 12). Por ley, él debía de asumir el cargo que su padre había ocupado, pero el reino que le había dejado no era el más prometedor. La historia nos cuenta cómo tuvo que enfrentar este líder a todo un país que le demandaba justicia y libertad. El joven rey les pidió consejo a los ancianos y a los jóvenes. No obstante, decidió seguir el consejo de los jóvenes, lo cual produjo un gran malestar en Israel. A través de una revolución nacional, el pueblo se dividió en dos países, el del norte, llamado Israel, y el del sur, llamado Judá. Diez de las doce tribus se separaron de Roboán, el cual solo se quedó con dos tribus bajo su mando. A partir de ese momento, ambos reinos tuvieron muchos reyes. Judá continuó con la línea de David (respetando así el pacto hecho por Dios), mientras que el norte tuvo todo tipo de reyes.

Ninguno de los reyes del reino del norte tuvo temor de Dios. Por esta razón, en el año 722 a. C., Dios permitió que el Imperio Asirio conquistara Israel y se lo llevara en cautiverio, del cual nunca regresaría. Por otro lado, el reino del sur también tuvo muchos reyes y una reina, la mayoría de los cuales tampoco demostraron ningún temor de Dios. Sin embargo, hubo algunos que hicieron lo correcto delante del Señor, por lo que el castigo de Judá se prolongó un poco más, hasta que entre los años 608 y 586 a. C. el Imperio Babilónico los conquistó y se los llevó cautivos durante setenta años.

Durante este tiempo el caos y el miedo reinaban. Ambos países experimentaban amenazas de guerras de parte de sus enemigos y una gran corrupción e idolatría internamente. Los juicios de Dios tenían que ver con la cautividad, el hambre y la muerte. Israel y Judá se encontraban en medio de la zozobra, y es en ese momento que entran en escena nuestros profetas menores. Algunos hablaron antes del exilio, otros en el exilio y unos cuantos después del exilio. Cualquiera sea la cronología, estos hombres tienen un mensaje poderoso que enseñarnos a nosotros como líderes, pastores y maestros, y también a nuestros chicos en su contexto actual.

A continuación te ofrecemos un panorama cronológico con las fechas más aproximadas de cada uno de los profetas que vamos a estudiar (incluimos a algunos otros básicamente de referencia), seguido de un breve resumen de cada uno de los libros.

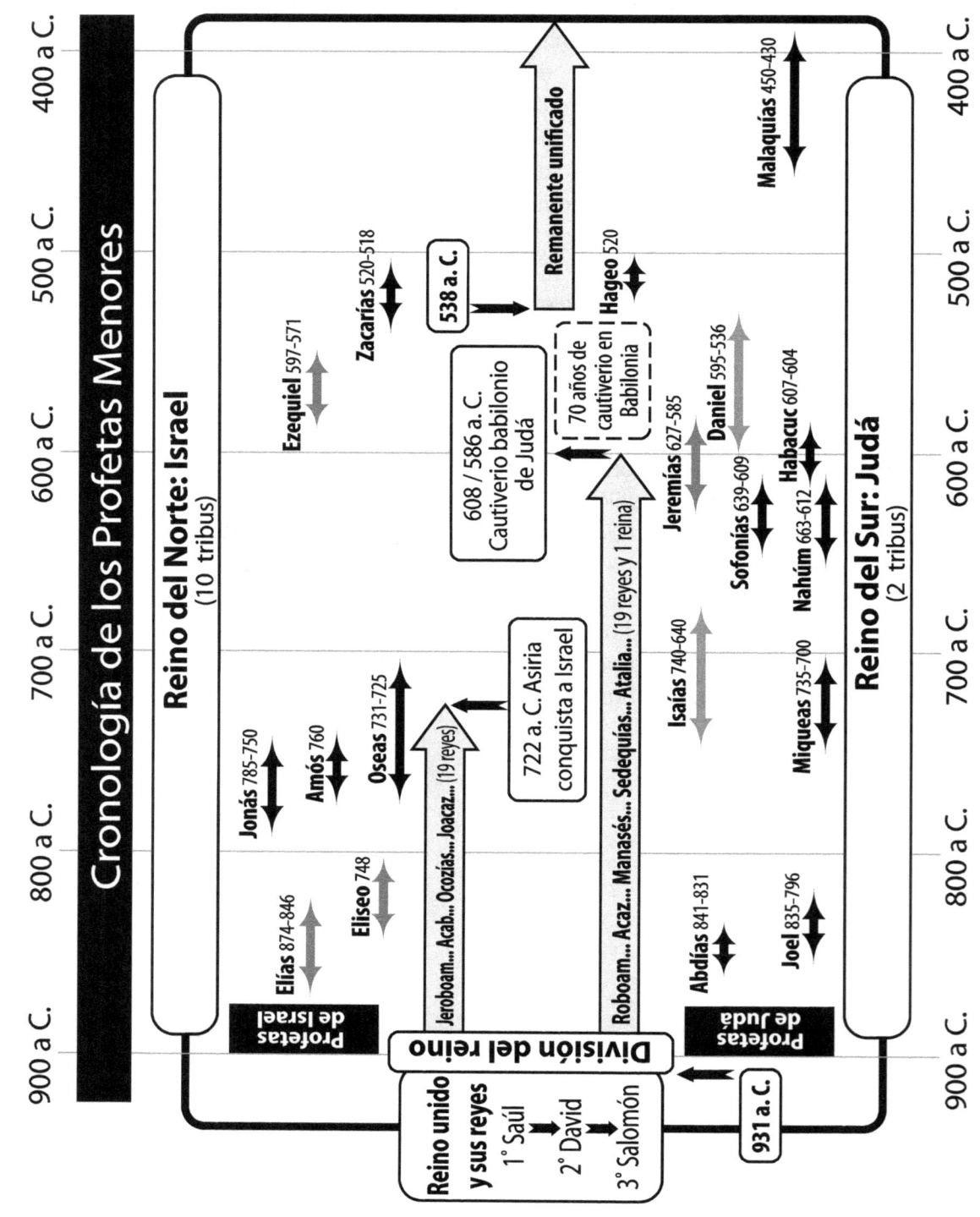

LOS PROFETAS: UNO A UNO

Aquí te ofrecemos un pequeñísimo resumen de los doce profetas y su mensaje. En cada lección ampliaremos mucho más sobre cada uno de ellos. (Recuerda que cada profeta tiene mucho más que enseñarnos, sin embargo, tomaremos solo una lección de su vida):

1. *Oseas*: Es el profeta engañado por su esposa, a la que, a pesar de su infidelidad, no dejó de amar. Su vocación divina está vinculada con su triste experiencia matrimonial, descubriéndose en ello un significado profético y simbólico. Es sumamente delicado y sensible al amor conyugal y el cariño de los hijos.

2. *Joel*: Sabemos poco de la vida de este profeta. Parece influenciado por los profetas Malaquías y Abdías. Era hijo de un señor de la época llamado Petuel. Su nombre significa «Jehová es Dios». Se cree que procedía del reino de Judá o el reino del sur, así como que su prédica se desarrolló en Judá o Jerusalén debido a sus referencias a dichos lugares, el templo y el culto.

3. *Amós*: Es el profeta de la justicia social. Era un pastor nómada, apreciaba la naturaleza. Dios lo llama y lo envía al norte para profetizar. No fue muy aceptado, pero Amós defiende su vocación y su misión profética, condenando las injusticias y la explotación.

4. *Abdías*: También se sabe muy poco de este profeta. Cooperó con sus palabras en la misión de restauración. Es llamado, por lo mismo, el

profeta del culto, debido a su interés en establecer el culto a Jehová, retornando la fidelidad a la ley de Dios.

5. *Jonás*: El libro de Jonás es una historia narrativa que tiene como propósito dar testimonio de la gracia de Dios y mostrar que el mensaje de la salvación es para todos los seres humanos. Jonás tiene que ir a Nínive, la gran ciudad, y anunciar que será destruida en cuarenta días.

6. *Miqueas*: Es el profeta del juicio de Dios y defensor de los oprimidos y explotados, imitando a Amós. En cada palabra suya se pone de manifiesto la profunda crisis social de su pueblo. Un hombre de campo. En un solo versículo (6:8) resume toda la predicación de sus contemporáneos: justicia (Amós), amor (Oseas) y humildad (Isaías).

7. *Nahúm*: Predicó en Judá y su nombre significa «aquel que Jehová ha consolado». El tema de su predicación es la caída inminente de la ciudad de Nínive. Sin embargo, esta ciudad es tal vez el símbolo de todo pueblo o ciudad que se opone a los planes de Dios.

8. *Habacuc*: Otro profeta del que sabemos muy poco. Predicó cuando Nabucodonosor, rey de los caldeos, cuya capital era Babilonia, iniciaba su dominio sobre las naciones vecinas de Asia Menor y el pueblo de Israel. Es un profeta inserto en la problemática de su tiempo: opresión, injusticias y atropellos.

9. *Sofonías*: «Aquel que Jehová ha protegido». Predicó en Jerusalén durante el reinado del rey Josías. Nos da a conocer el estado de Jerusalén antes de la reforma religiosa: sus idolatrías, las costumbres extranjeras y paganas, el falso profetismo, las violencias e injusticias, las supersticiones y el culto a los astros. Nos da a conocer también los sentimientos de los creyentes que aceptaron con entusiasmo y vivieron la reforma de Josías.

10. *Hageo*: Es el predicador de la gloria del nuevo templo restaurado. Aparece como un rígido profeta del pueblo, que se preocupa más por sus intereses y las cosas terrenales que por el culto y el templo.

11. *Zacarías*: Participó activamente en la restauración del pueblo de Dios y el templo. Zacarías en hebreo significa «Dios se acuerda». No se conoce gran cosa sobre el profeta salvo lo que se deduce del libro, aunque se cree que su abuelo, Ido, era el jefe de una familia de sacerdotes que regresó a Jerusalén con Zorobabel (Nehemías 12:1-4). Se piensa que era un sacerdote y un profeta. Estos detalles se deducen de su interés por el templo y el sacerdocio.

12. *Malaquías*: Significa «mi mensajero». Le tocó vivir una época de gran escepticismo, pues no se habían cumplido las esperanzas suscitadas por Hageo y Zacarías en cuanto a la reconstrucción del templo. El desánimo se había apoderado del pueblo y renacían los antiguos pecados en el culto y la vida. La reacción de Malaquías es vigorosa.

¿Estás listo? ¡Pues empecemos esta aventura juntos, sabiendo que Dios habla a través de su Palabra!

LECCIÓN 1
OSEAS PRESENTA
EL CONOCIMIENTO DE DIOS

OBJETIVOS
Que los jóvenes:
- Obtengan herramientas prácticas de cómo relacionarse con Dios a diario.
- Sean desafiados a pasar más tiempo conociendo a Dios durante los siguientes días.

PARA EMPEZAR: ROMPEHIELOS (5 MINUTOS)
Previamente, conforme los jóvenes estén entrando al salón, les entregarás un pequeño papel y un lápiz. Después selecciona cinco voluntarios a los que les vas a pedir que se coloquen en línea al frente del salón y de cara al público. Más tarde pídeles a todos que escriban en el papel algo que sepan acerca de los voluntarios, como por ejemplo cuánto pesan, su comida favorita, etc., y que lo entreguen conforme van terminando. Explícales que debe ser algo que no comprometa a la persona y se pueda compartir en público. Asegúrate de darle pocos segundos para esto. Luego lee en voz alta cada uno de los papelitos y al final otórgale un premio al «conocedor» más creativo (esto lo puedes informar cuando des las indicaciones).

TEXTOS CLAVES
Oseas 6:6; Juan 17:3.

LO QUE NECESITARÁS
- Un papelito para cada asistente.
- Un lápiz para cada uno.
- Un premio.
- Los dibujos de memorización ampliados en hojas lo más posible.
- Copias de «Conocimiento práctico» para todos.
- Copias de «¿Y ahora qué?» para todos.

CASO DE ESTUDIO (5 MINUTOS)
Preséntale el siguiente caso al grupo:

Diego está siendo atacado por algunos de sus compañeros, los cuales son ateos, ya que comentó que ha estado conociendo a Dios. Ellos argumentaron que, en primer lugar, Dios no existe, y que si existiera —según los cristianos— es un espíritu, es decir, no se le puede ver y por ende tampoco conocer. ¿Qué argumentos contundentes puede dar Diego para apoyar su afirmación?

TRASFONDO GENERAL (10 MINUTOS)
Explica que Oseas pensó que estaba en un «reality show» como los actuales, en los que suceden cosas increíbles. «Ve y toma por esposa una prostituta» (Oseas 1:2). Esas palabras son difíciles de digerir para un hombre que según se cree perteneció a la élite del pueblo de Israel —el reino del norte— durante esta época. Él profetizó por alrededor de cuarenta años (755-715 a. C.). Se casó con una prostituta llamada Gómer, con la que tuvo tres hijos (Jezreel, Lo-ruhama, Lo-ammi), y luego ella lo dejó para volver a prostituirse. Un tiempo después él la perdonó de nuevo. Por medio de este matrimonio y tal situación en particular, Dios quería dejar en claro la actitud del pueblo de Israel. Oseas —que significa «salvación»— ejemplifica con su propia vida tres llamados específicos de Dios al pueblo:

- **Arrepentirse del adulterio espiritual.** Se habían desviado de Jehová y adorado a otros dioses, especialmente a través de las prácticas y los cultos dedicados a Baal (4:12).

- **Dejar las alianzas con otros pueblos.** Durante el tiempo en que Oseas profetizó —cuarenta años— habló del inminente castigo (que tiene lugar en el año 722 a. C. cuando los asirios se llevan cautivo a Israel), por lo que el pueblo hace alianzas con otros pueblos para aumentar su poderío militar y su defensa, depositando así su confianza en otros hombres y no en Dios (5:3; 8:8-10).

- **Regresar al amor y el conocimiento de Dios.** En los primeros capítulos de este libro, Dios les achaca el adulterio. Sin embargo, en los capítulos siguientes les recalca un tema relevante: la falta de conocimiento de él. Muchos versos retoman el tema desde la perspectiva de Dios (4:1; 4:6; 5:4; 6:6) y luego desde la perspectiva del mismo pueblo (6:3).

AL GRANO: EJE CENTRAL (20 MINUTOS)

En este momento lea en voz alta Oseas 6:6 y seguidamente Juan 17:3:

«Lo que pido de ustedes es amor y no sacrificios, conocimiento de Dios y no holocaustos» (Oseas 6:6).

«Y ésta es la vida eterna: que te conozcan a ti, el único Dios verdadero, y a Jesucristo, a quien tú has enviado» (Juan 17:3).

Relaciónalo con el contexto que previamente explicaste. Puedes decir algo como:

Una de las cosas que Dios estaba pidiéndole al pueblo de Israel, y nos las pide a nosotros también, es que le conozcamos. Ese conocimiento es personal y muy práctico.

Divídelos en grupo más pequeños y entrégales una copia de «Conocimiento práctico», que aparece al final de esta lección.

Para cerrar la sección puedes decir algo así:

Estamos en una época que alimenta el egocentrismo (el ser humano se ha colocado en el centro de todas las cosas). Sin embargo, cuando leemos la Biblia, nos damos cuenta de que Dios busca que nos centremos en él y no en nosotros. El Señor quiere que lo conozcamos, que podamos desarrollar una amistad con él y además obtener un conocimiento profundo de su persona. A través del ministerio de Oseas, Dios menciona muchas veces la palabra «conocimiento». Dios, más que nadie, está interesado en que lo conozcamos y nos relacionemos con él, así como lo hacemos con nuestros amigos y esas personas importantes para nosotros.

Puedes pedirles a algunos jóvenes que mencionen varias maneras en que buscarán conocer a Dios durante esta semana, según lo que escribieron en sus hojas.

APLICACIÓN GENERAL (5 MINUTOS)

Desafíalos a que como grupo estudien los pasajes de la hoja «Encuentro semanal» y hagan todos sus anotaciones personales a fin de compartirlas a la siguiente semana.

APLICACIÓN PERSONAL (5 MINUTOS)

Invítalos a llevar a cabo un retiro personal durante esta semana. Deberán escoger el lugar, el día y la hora para dedicarlo a estar con Dios. Anímalos a que dejen durante este tiempo en casa aquellas cosas que los distraen (teléfonos celulares, reproductores de música, etc.). Este será un tiempo exclusivo para relacionarse con Dios y conocerlo más profundamente. Sugiéreles un programa básico y sencillo para este retiro:

1. Iniciar con oración (que previamente escriban todas las cosas por las que quieren orar: agradecimientos, alabanzas, peticiones personales, intercesión, pedir perdón por sus pecados).
2. Lectura de un pasaje bíblico (pueden usar alguno que aparezca en las hojas «Encuentro semanal»).
3. Entonar cantos para Dios (si los chicos se animan a cantar «solos» para el Señor).
4. Cerrar con oración y un agradecimiento a Dios.

MEMORIZACIÓN DE VERSÍCULOS (10 MINUTOS)

«Lo que pido de ustedes es amor y no sacrificios, conocimiento de Dios y no holocaustos» (Oseas 6:6).

Memorizar algo a partir de imágenes es más fácil para muchas personas, en especial los que aprenden de forma visual, así que dirige al grupo a memorizar Oseas 6:6. Primero lee tú el versículo en voz alta, luego repítelo con todo el grupo y después usa las siguientes imágenes, colocando cada una de acuerdo a la parte del texto que va a estar leyendo el grupo:

Mano = pido

Corazón = amor

Altar = no sacrificios

= conocimiento de Dios

Holocausto = no holocausto

HOJA DE TRABAJO
EJE CENTRAL
Juan 17:3

CONOCIMIENTO PRÁCTICO
Responde las siguientes preguntas de manera rápida.

¿Qué es la vida eterna?
_____.

¿Cómo se obtiene la vida eterna?
_____.

¿Para qué existimos?
_____.

¿Para qué vamos a las reuniones o cultos de la iglesia?
_____.

¿Por qué debemos leer tanto la Biblia y orar?
_____.

¿Por qué ir al colegio y tomar tantas clases?
_____.

Escribe algunas maneras de conocer más a Dios de una forma personal:
A través del estudio:
Ejemplo: Ver su obra perfecta resumida por medio de las materias de clases.

_____.
_____.

A través de la Biblia
Ejemplo: Leer al menos 1 capítulo de un libro y tomar apuntes de cómo es Dios.
_____.
_____.

A través de la familia
Ejemplo: Orar por algunas necesidades específicas y ver cómo Dios actúa por medio de ellas.
_____.
_____.

A través del grupo de jóvenes
Ejemplo: Reunirme con otros del grupo para ir a ayudar a una familia menos afortunada y ver lo que Dios puede hacer por medio de nosotros.
_____.
_____.

A través de un tiempo a solas con Dios
Ejemplo: Darle una «serenata» a Dios con cualquier instrumento, o canciones a capela.
_____.
_____.

> Lo que pido de ustedes es amor y no sacrificios,
> conocimiento de Dios y no holocaustos.
> **Oseas 6:6**

> El sacrificio que te agrada es un espíritu quebrantado; tú, oh Dios, no desprecias al corazón quebrantado y arrepentido.
> **Salmo 51:17**

¿Y AHORA QUÉ?
HOJA PERSONAL

ENCUENTRO SEMANAL

Escoge tres días para estudiar estos tres versículos (uno cada día):

1. Oseas 6:3
2. Jeremías 9:23-24
3. Proverbios 8:17

Léelos y responde las siguientes preguntas:

1. ¿Cómo es Dios en este pasaje?
   _____
   _____

2. ¿Qué bendición encuentro en Dios?
   _____
   _____

3. ¿Qué pide Dios que haga?
   _____
   _____

4. ¿Cómo lo voy a llevar a cabo? (Recuerda que debes ser específico y realista).
   _____
   _____

Termina en oración, agradeciéndole a Dios por permitirte conocerlo a través de su Palabra y pídele fuerzas para llevarla a la práctica.

LECCIÓN 2
JOEL PRESENTA
EL ARREPENTIMIENTO

OBJETIVOS

Que los jóvenes entiendan:
- Que todas las acciones que realizan tienen una consecuencia, para bien o para mal.
- Que en medio de las dificultades que encontramos debido a nuestras malas decisiones, la gracia y el perdón de Dios están disponibles para sus vidas.
- Que el hábito de la confesión de pecados es importante a fin de mantener la comunión con Dios.

PARA EMPEZAR: ROMPEHIELOS (5 MINUTOS)

Sin saludar o dar la bienvenida, monta esta escena justo al inicio de la reunión:

- Pídele a un líder del sexo opuesto que te ayude con una breve dramatización. Debe estar preparado para que resulte lo más «verídico» posible.

- Asegúrate de llevar una camiseta vieja que ya no uses. Si es

TEXTOS CLAVES
1 Juan 1:9, Joel 2:12-13

LO QUE NECESITARÁS
- Una camiseta vieja que puedas romper.
- Fotocopias del «Eje central» para todos.
- Lápices o lapiceros.
- Si utilizas un proyector, imágenes de langostas en grupo e individuales (puedes pedirle a un líder que prepare una breve explicación de estos destructivos animales).
- Varias hojas del caso de estudio para los grupos.
- Música suave de fondo para el final de la reunión.

posible, hazle un pequeño agujero para que te sea mas sencillo romperla

- Sin dar explicaciones del porqué, empiecen a discutir en voz alta mientras pides perdón por algo que sucedió. Asegúrate de que todos te escuchen bien.

- Durante un par de minutos, discúlpate una y otra vez con el líder mientras te dice que no, que está muy dolido.

- Incrementa el grado de súplica por el perdón hasta que termines rogándole. Usa entonces la frase: «Estoy arrepentido, no lo volveré a hacer» (en este momento, rompe por completo tu camiseta mientras haces gesto de dolor).

- En ese instante el líder se volverá hacia tus jóvenes y les preguntará: «¿Debería perdonarlo?». Esperen la respuesta del «público».

- Al cabo de unos segundos, el líder dirá: «Voy a pensarlo, hablamos después de la reunión».

TRASFONDO GENERAL (10 MINUTOS)

Explica:

El libro de Joel habla de una plaga terrible. Todo el libro nos relata una tragedia tras otra. Pueden tener una idea de la plaga que les sobrevino leyendo Joel 1. Las langostas son un instrumento de justicia. ¿Saben lo que es una langosta?

En este momento, permite que sea tu líder el que brevemente les explique qué es una langosta y qué hace. (Ver el recuadro).

> Las **langostas** o **saltamontes** son una familia de insectos caracterizados por su gran facilidad para migrar de un sitio a otro y, en determinadas circunstancias, reproducirse muy rápidamente, llegando a producir plagas devastadoras capaces de acabar con la vegetación de grandes extensiones de terreno. Poseen largas patas posteriores para saltar y un aparato bucal a fin de masticar y comer hojas. Su actividad es principalmente nocturna y utilizan sus antenas y ojos para explorar el terreno. Los músculos de sus patas son mil veces más potentes que un peso igual de músculo humano, por lo que las langostas pueden llegar a una altura de cincuenta centímetros al saltar, lo que equivale a diez veces la longitud de su cuerpo. Además, pueden saltar una distancia de veinte veces su longitud. En el aire la langosta mueve sus alas a la increíble velocidad de veinte golpes de ala por segundo, alcanzando a recorrer más de cien kilómetros por día.

Luego, continúa explicando:

El pueblo de Dios definitivamente no vivía uno de sus mejores tiempos, y Joel es testigo de lo que estaba sucediendo. Uno de los elementos centrales del libro es lo que se llama «el día del Señor», que indica el momento en que Dios hace justicia por las maldades de los hombres. Entonces, el profeta dirige un clamor al pueblo para que se vuelva a Dios, se arrepienta de sus malos caminos y busque su perdón, sabiendo que la respuesta de Dios estará llena de misericordia y gracia.

AL GRANO: EJE CENTRAL (35 MINUTOS)

Antes de repartir las hojas de trabajo y formar los grupos pequeños, invita a dos o tres adultos responsables y maduros que puedan contarles anécdotas personales al grupo. La idea es que en tres minutos (no más) puedan contarle al grupo alguna experiencia que tuvieron cuando jóvenes que los llevó a tomar una mala decisión y por consiguiente sufrieron malas consecuencias. Si los conoces bien y tienes confianza con ellos, sé muy enfático en cuanto al tiempo (la idea no es que les prediquen a los chicos). Otra opción es hacer «entrevistas», para lo cual tú llevas las preguntas preparadas y ellos se limitan a responderlas. Asegúrate de que el elemento «arrepentimiento» esté involucrado en la entrevista.

Con esto queremos que los jóvenes vean en otras personas la problemática que ellos mismos ya están viviendo y puedan identificarse en la lucha. Si tienen alguna pregunta, permite que las hagan. Luego continúa de esta manera:

Todos en la vida cometemos errores. Tenemos que aprender a llamar a esos errores como lo que son: pecado. Hay una ley inquebrantable en la tierra, y es la ley de la causa y el efecto. Para toda acción hay una consecuencia, ya sea para bien o mal, así que como cristianos debemos recordar que cuando hemos fallado tenemos que acudir rápidamente a Dios en busca de perdón. A esto le llamamos «arrepentimiento».

Divide a tu audiencia en varios grupos de no más de cinco personas para que discutan las preguntas del «Eje central». Deberás entregarle una a cada facilitador.

Al final de la discusión, puedes cerrar el tiempo de la siguiente manera:

El mensaje de Joel es un mensaje muy duro, pero por otra parte es un mensaje lleno de esperanza. Nos deja ver cómo Dios imparte justicia y va a pedir cuentas por el pecado, pero también nos muestra a un Dios lleno de amor, misericordia y gracia, con un profundo deseo de perdonarnos cuando fallamos.

Haz una pausa para explicarles el concepto de arrepentimiento, el cual es muy importante.

¿Qué es el arrepentimiento? La palabra implica ir caminando por la vida con nuestros hábitos y de pronto detenernos, identificar qué cosas de las que hacemos son pecaminosas, dar un giro de ciento ochenta grados y decidir no volver a hacer lo mismo. Si bien se trata de una batalla en la que algunas veces vamos a caer, el verdadero arrepentimiento vuelve a decir «no» y regresa al camino correcto. El arrepentimiento es un asunto principalmente de ACTITUD.

Termina diciendo:

Dios quiere que nos arrepintamos, ya que esto demuestra lo que hay en nuestro corazón.

APLICACIONES (10 MINUTOS)
Antes de que hables de la aplicación, repasa estos puntos:
1. Dios desea que mantengamos una comunión íntima con él. (Es posible que muchos de tus jóvenes no vivan una vida de constante arrepentimiento, mucho menos que analicen sus acciones con frecuencia).
2. Prepara el ambiente para que puedan reflexionar y meditar en sus acciones. (Asegúrate de que no haya distracciones, puedes poner una música suave de fondo).
3. Repasa la definición de arrepentimiento.

Aplicación general
Puedes seguir este programa:

- Explícales una vez más que cada vez que pecamos ofendemos a Dios y rompemos la comunión que antes teníamos con él. Dales ejemplos concretos de lo que es el pecado (chismes, malas palabras, pornografía, sexo, drogas, etc.). Asegúrate de ubicar estas cosas en el contexto de tus jóvenes. No permitas que sean solo conceptos vagos.
- Recuérdales que Dios es fiel y siempre tiene abiertas las puertas para que vayamos y hablemos con él.
- Pídeles que puntualicen en su mente de un modo específico dos o tres de los pecados con los que batallan a diario y los vencen. Motívalos a que sean honestos con Dios y mencionen concretamente esos pecados.
- Luego ínstalos a que le pidan perdón de una forma personal a Dios.
- Termina haciendo tú mismo una oración.
- Ofréceles tu ayuda y la de tu equipo mientras batallan con sus pecados. Estos malos hábitos no se vencen solos, sino con apoyo. Es

muy sano que compartan esas cosas incómodas y vergonzosas que los exponen delante de Dios.

APLICACIÓN PERSONAL

Entrégales las hojas «¿Y ahora qué?». Deberán usarlas de la siguiente manera:

- **Pecado:** Deben identificar exactamente cómo se llama el pecado que practican.

  Ejemplo: Pornografía y masturbación.

- **Cuándo y dónde:** Usualmente se presentan diferentes circunstancias que nos empujan a ese pecado. ¿Las tenemos identificadas?

  Ejemplo: En la casa, frente a mi computadora cuando mis padres no están.

- **Sentimiento:** El Espíritu Santo redarguye a los hijos de Dios frente al pecado.

  Ejemplo: Culpa, baja autoestima, dolor, etc.

- **Estrategia:** ¿Qué voy a hacer? Sin planes, el problema no se resolverá.

  Ejemplo: Instalar un software especial en la computadora, comentarle mi pecado a alguien más, sacar la computadora de mi habitación, no quedarme solo en casa, etc.

- **Rendición de cuentas:** Debe encontrarse a un compañero o compañera que acompañe al joven en la lucha con el pecado. Asegúrate de aclarar que es muy conveniente que sea del mismo sexo que el joven y, aun más conveniente, que sea mayor, maduro y lo estime.

MEMORIZACIÓN DE VERSÍCULOS (10 MINUTOS)

«Si confesamos nuestros pecados, Dios, que es fiel y justo, nos los perdonará y nos limpiará de toda maldad» (1 Juan 1:9).

Puedes terminar la lección volviéndote hacia la líder con la que hiciste la dinámica al inicio y preguntándole una vez más: «¿María, me perdonas?», a lo que ella deberá responder: «Desde luego». Después, ora por tus jóvenes.

HOJA DE TRABAJO
EJE CENTRAL
Joel 1; 2:12-13

1. Lean todo el capítulo 1. ¿Qué consecuencias estaban viviendo los israelitas según los versos?
   (4) _____
   (5) _____
   (6) _____
   (7) _____
   (10-12) _____

2. ¿Por qué el profeta hace referencia tantas veces a la agricultura de Israel?

3. ¿Cuál sería el equivalente para nosotros en nuestro tiempo? ¿Cuál sería la catástrofe que afectaría nuestro diario vivir?

4. ¿Cuál es el llamado de atención que hace Joel en los versos 1:13 y 1:14? ¿Qué significaría esto para nosotros?

5. En 2:12-13, la NVI utiliza la expresión volverse a Dios, ¿qué significa esto? ¿Qué implica el ayuno, el llanto y los lamentos?

6. Joel dice: «Rásguense el corazón y no las vestiduras». ¿Qué significa esto con respecto a lo que viste al inicio de la reunión?

7. Joel termina hablando de Dios. ¿Qué características le atribuye? ¿Has experimentado estas características alguna vez? ¿Cuándo?

El sacrificio que te agrada es un espíritu quebrantado; tú, oh Dios, no desprecias al corazón quebrantado y arrepentido.
Salmo 51:17

HOJA PERSONAL

¿Y AHORA QUÉ?

Anímate a escribir esas cosas que rompen tu relación con Dios. Identifícalas y plantea una estrategia a fin de vencerlas.

Aparta un minuto y pídele dirección y fuerza a Dios

Pecado 1	
Cuándo y dónde	
Sentimiento	
Estrategia	
Rendición de cuentas	

Pecado 2	
Cuando y dónde	
Sentimiento	
Estrategia	
Rendición de cuentas	

Si fallas en cumplir tu plan, busca rápidamente a Dios y pídele perdón. En él encontrarás refugio y misericordia.

LECCIÓN 3
AMÓS PRESENTA
LA DUREZA DE CORAZÓN

OBJETIVOS
Que los jóvenes:
- Recuerden lo que Dios ha hecho en sus vidas para estar más cerca de ellos.
- Sean conscientes de cómo sus decisiones los han alejado de Dios.

PARA EMPEZAR: ROMPEHIELOS (5 MINUTOS)

Confecciona una lista jocosa de «pecados y castigos». Escribe cada uno en un papel pequeño y entrégaselos a los jóvenes. Una vez repartidos, pídeles que lean el «pecado» y cumplan el «castigo». (Si tu grupo cuenta con una gran cantidad de jóvenes, escoge a unos diez para que tomen parte en esta actividad. Si es un grupo más pequeño, puedes hacer que todos participen). He aquí algunos ejemplos:

1. Por ver televisión hasta las once de la noche… hacer como un pato.
2. Por no comer la cebolla y otros sazonadores en la comida… darle un masaje a dos personas.
3. Por no arreglar la habitación… hacer como una gallina por todo el salón.

TEXTOS CLAVES
Amós 4:6b; Juan 1:12.

LO QUE NECESITARÁS
- Papeles pequeños a fin de escribir la lista de la sección «Rompehielos».
- Copias de «¿Qué más se necesita hacer?».

4. Por haber comido comida chatarra… actuar como un gatito por treinta segundos.
5. Por hacer correr a tus papás durante tu niñez… llorar como un bebé.
6. Por no comer verduras… gritar en el medio del salón: «Estoy loco».
7. Por no haberse bañado durante un fin de semana… arreglar el salón a la salida de la clase.
8. Por haber perdido un curso… ayudar en la preparación de la próxima clase de los profetas.

Escribe otras tantas según la cantidad de asistentes.

CASO DE ESTUDIO (5 MINUTOS)

Preséntale el siguiente caso al grupo:

Felipe fue un joven privilegiado desde su niñez. Sus padres, una pareja ejemplar, lo criaron como a ningún otro niño en el barrio. Lo tenía todo. Dios lo había premiado con lo mejor que una persona pudiera tener. Sin embargo, al llegar a la adolescencia, casi no obedecía las instrucciones de sus padres. Conforme fue pasando esta etapa se volvió aun más desobediente. Estando en el colegio, sus padres se mantenían diciéndole que estudiara para los exámenes. No obstante, una semana tras otra transcurría y él no se disponía a hacerlo, hasta que obtuvo un resultado final: No logró la nota mínima en ninguna materia. Además, Felipe no escuchaba consejos de nadie:

- Su hermano mayor le sugirió que no anduviera con Allan (su nuevo amigo), pero no lo escuchó. Terminó envuelto en problemas con las drogas.
- Eduardo, el pastor de jóvenes, le aconsejó que no continuara su relación con Adela debido a las decisiones incorrectas que estaban tomando juntos. Terminó embarazando a Adela.
- Sus abuelitos lo animaron en reiteradas ocasiones a buscar a Dios. Sin embargo, él les dijo que lo haría cuando fuera más adulto, que por ahora no lo necesita. Sus abuelitos fallecieron la semana pasada.

¿Qué piensas en este momento de Felipe? ¿Por qué no escucha los consejos que le dan? ¿Crees que tiene un corazón muy duro para Dios?

TRASFONDO GENERAL (10 MINUTOS)

Explica que Amós era un pastor de ovejas que vivía en un pueblito llamado Tecoa (1:1), ubicado a unos diez kilómetros al sur de Belén y a un poco menos de veinte kilómetros de Jerusalén. Por lo tanto, él pertenecía al reino del sur, pero su profecía estuvo dirigida principalmente al reino del norte (esto es como si un extranjero le diera un mensaje fuerte a una nación que no es la suya), con algunas pequeñas menciones para su propia gente. Durante esta época el pueblo de Israel gozaba de gran poder económico y militar. Era la época antes del exilio. El pueblo había llegado a un punto de su historia en el que gozaba de un gran nivel social, la economía se mostraba muy estable, y política y militarmente eran muy fuertes. Todo lo anterior los llevó a dos acciones deplorables: (1) oprimir a los menos afortunados y pobres, y (2) alejarse de Dios, dejando de confiar en él y descansando en sus propias fuerzas. Debido a esta situación reciben un mensaje duro de parte Dios a través del profeta. Este mensaje tiene una particularidad: No es un llamado al arrepentimiento ni una advertencia como tal, sino que en su mayor parte se trata de una comunicación afirmativa de que lo que en realidad iba a suceder, algo que ya había sido decidido por Dios: la muerte y destrucción de la nación a manos de los asirios, uno de los ejércitos más crueles de toda la historia sobre la faz de la tierra. El mensaje profético de Amós tuvo lugar alrededor del año 760 a. C., es decir, unos cuarenta años antes de la conquista (722 a. C.). Él es contemporáneo de Jonás y Oseas en el reino del norte.

AL GRANO: EJE CENTRAL (20 MINUTOS)

En este momento lee en voz alta los siguientes pasajes:

«Con todo, ustedes no se volvieron a mí —afirma el Señor» (Amós 4:6b).

«Así dice el Señor al reino de Israel: "Búsquenme y vivirán"» (Amós 5:4).

«Mas a cuantos lo recibieron, a los que creen en su nombre, les dio el derecho de ser hijos de Dios» (Juan 1:12).

Luego relaciónalos con el contexto que previamente explicaste. Puedes decir algo como:

La actitud del pueblo de Israel siempre fue dura con respecto al mensaje de Dios. Sin embargo, la respuesta divina siempre fue la misma: «Vuélvanse a mí y escúchenme». Dios desea que nuestro corazón esté dispuesto a escucharlo porque es algo que nos beneficia en gran manera. Vamos a estudiar esto un poco más a fondo.

Divide a los jóvenes en grupos más pequeños y entrégales una copia de «¿Qué más se necesita hacer?» al final de la lección. Para cerrar esta sección puedes comentar algo así:

Dios había hecho muchas cosas por el pueblo de Israel a fin de que estuvieran bien y pudieran confiar en él con todo su corazón. Les proveyó todo lo que necesitaban para que vieran que él era un Dios que cuidaba a sus hijos. Sin embargo, ellos vieron esa bendición como un derecho adquirido, al punto de ver a Dios como algo trivial y cotidiano, y al final, innecesario. Amós le ofrece un mensaje de juicio al pueblo porque ellos se olvidaron de Dios y no se volvieron a él. Ojalá que nosotros no seamos tan duros de corazón como lo fueron los israelitas y nos volvamos a Dios hoy mismo. No le demos más largas. Dios nos está llamando para que nos acerquemos a él. Respondamos a esa invitación, entreguémosle nuestra vida. Vivamos como él quiere que lo hagamos.

APLICACIÓN GENERAL (5 MINUTOS)

Utilizando los grupos pequeños, puedes guiarlos a hacer un compromiso para que se reúnan durante la semana (antes de la próxima lección) a fin de que puedan conversar acerca de lo que Dios ha estado haciendo en sus vidas y cómo ha tratado con cada uno. (Esta puede ser además una buena oportunidad para orar juntos, ir a comer un helado o ver una película sin perder de vista el objetivo principal, que es tener una conversación).

APLICACIÓN PERSONAL (5 MINUTOS)

Dediquen un tiempo durante esta semana para hacer una lista de todas las experiencias en las que han visto que Dios ha buscado estar más cerca de cada uno.

MEMORIZACIÓN DE VERSÍCULOS (10 MINUTOS)

Repitan el versículo tantas veces como sea necesario. Pídele a una parte de grupo que se ponga de pie y lo diga de memoria, luego a otra parte, después todos juntos, más tarde solo a las mujeres, a los varones, a los que llevan zapatos deportivos, a los que visten pantalones vaqueros, a los que tienen una Biblia, etc.

«Mas a cuantos lo recibieron, a los que creen en su nombre, les dio el derecho de ser hijos de Dios» (Juan 1:12).

HOJA DE TRABAJO
EJE CENTRAL

¿QUÉ MÁS SE NECESITA HACER?

La historia del pueblo de Israel durante la profecía de Amós pareciera ser una réplica de la vida de las personas hoy en día. Dios había hecho muchas cosas para que el pueblo se volviera a él. Sin embargo, este pueblo necio no respondía de forma positiva y se alejaba más de Dios a fin de hacer su propia voluntad. Démosles un vistazo a los siguientes recuadros. (Pueden ser leídos entre dos personas de forma intercalada, una leerá el de la izquierda y otra el de la derecha).

Lo que Dios había hecho	La respuesta del ser humano
1. Creó al ser humano y lo puso en un paraíso (Génesis 1 y 2).	1. Decidió escoger su propia forma de vivir.
2. Cuidó y proveyó comida en medio de la necesidad (Éxodo 16 y 17).	2. Dudó del poder de Dios y la veracidad de su Palabra.
3. Escogió personas para usarlas en sus propósitos eternos (Jueces 6).	3. Le pidieron pruebas de si realmente era él quien les hablaba (duda).
4. Le dio al ser humano la oportunidad de tener vida eterna (1 Juan 5:12).	4. El ser humano rechazó el regalo de Dios.
5. Envió a su Hijo para reconciliar al mundo por medio de él (Juan 3:16).	5. Simplemente no desea estar con Jesús.

PREGUNTAS PARA DISCUTIR EN GRUPO

1. ¿Qué más necesita hacer Dios para que nos volvamos a él?

   _____
   _____
   _____

2. ¿Por qué nos cuesta tanto entregarle nuestra vida por entero a Dios? Busquen el Salmo 66:16 y apunten lo que dice, pero en sus propias palabras:

_____.
_____.
_____.
_____.

PREGUNTAS PARA REFLEXIONAR DE FORMA PERSONAL

1. ¿En qué me ha defraudado Dios?
_____.
_____.

2. ¿Cuáles de sus promesas han dejado de cumplirse en mi vida?
_____.
_____.

3. ¿Qué debo DEJAR de hacer para acercarme a Dios?
_____.
_____.

4. ¿Cuál es el siguiente paso que debo dar después que haya dejado de hacer lo indicado en la pregunta 3?
_____.
_____.

Con todo, ustedes no se volvieron a mí —*afirma el* Señor.
Amós 4:6b

LECCIÓN 4
ABDÍAS PRESENTA
EL ORGULLO

OBJETIVOS
Que los jóvenes entiendan:
- Que una actitud de orgullo en sus vidas va en contra de la naturaleza misma de Dios.
- Que el orgullo les trae consecuencias negativas en su andar diario, tanto con Dios como con sus semejantes.
- Que las cosas materiales no ofrecen seguridad, y por lo tanto no debemos poner nuestra confianza en ellas.

ANTES DE EMPEZAR
1. Preparación del ambiente:
   - Siempre hay cajas que sobran por ahí. Si es posible utilizarlas para formar una montaña, esta puede ser la casa de Edom. Pueden usar incluso diferentes tipos de papeles a fin de darle más realismo a la escena. En lo alto de tu montaña podrías colocar una «ciudad» (hazla con el mismo cartón de las cajas).
   - Vístete como lo hacían en aquellos tiempos (con una túnica y sandalias, y si puedes dejarte crecer la barba o usar una falsa, mucho mejor) y narra la historia. No la cuentes como si fueras un israelita

TEXTOS CLAVES
Abdías 1:3-4;
Santiago 4:6

LO QUE NECESITARÁS
- Copias de la hoja «Mi orgullo y yo».
- Lápices.
- Cinta adhesiva para formar los cuadrantes.
- Rótulos grandes para cada cuadrante.

o edomita, sino como alguien externo que está al tanto de lo que sucedió.

2. Preparación de los materiales:
   - Busca con anticipación las cajas, las pinturas, la cinta adhesiva y cualquier otra cosa necesaria para construir tu montaña y tu ciudad.
   - Esta lección tiene hojas fotocopiables para ti y tus chicos. Si eres como yo y te desanimas al ver el material que preparaste en el piso después de la reunión, recuerda que el hecho de que los chicos escriban lo que piensan mejora en gran manera el aprendizaje.

PARA EMPEZAR: ROMPEHIELOS (10 MINUTOS)

Bienes Materiales	Logros Obtenidos	Popularidad
Apariencia Física	Talentos y Habilidades	Posición Social

Entrégale una hoja de «Mi orgullo y yo» y un lápiz a cada chico. Ellos deberán anotar al menos cinco cosas que les provoquen orgullo «del malo». Recuérdales que esto es algo totalmente privado, de modo que nadie va a ver la hoja, y que el orgullo al que nos referimos no es al orgullo sano que sienten al concluir bien la escuela secundaria, sino a uno destructivo como el que ponen de manifiesto al menospreciar a otros debido a los bienes materiales que poseen. Al terminar, deben de guardar su hoja, ya que la utilizaremos un poco mas adelante. Dales cinco minutos para que llenen la hoja y luego pídeles que se sitúen en uno de los cuadrantes del salón donde se encuentran reunidos (en el lugar que más dificultades les dé). Estos cuadrantes definen áreas principales en donde tus chicos pueden tener problemas de orgullo. (Ver el gráfico adjunto).

Una vez que todos estén ubicados en algún cuadrante, pídeles que se reúnan en grupos y dales otros cinco minutos para que comenten por qué consideran que tienen problemas de orgullo en esas áreas. Asegúrate de tener al menos un líder en cada grupo a fin de que pueda dirigir el diálogo. Debes estar listo por si los grupos resultan muy pequeños o demasiado grandes. Si es así, redistribúyelos rápidamente y continúa. Recuérdales que un ambiente libre de juicios genera una discusión más honesta y abierta.

CASO DE ESTUDIO (10 MINUTOS)

Luego de terminar el tiempo de diálogo, compartan en los grupos pequeños el siguiente caso:

Érica es una joven de diecisiete años que pertenece a una familia acomodada. Su padre es presidente de una compañía multinacional y ha podido darle a Érica —su única hija— todas las cosas que ha necesitado y querido. Ella ha viajado por todo el mundo, viste las mejores ropas y tiene todo lo que una adolescente de esa edad puede soñar.

Por desdicha, eso también le ha provocado un sentimiento de orgullo. Érica cree que es mejor que los demás solo por los bienes materiales que posee. Constantemente menosprecia a Andrea, su compañera en la clase de matemáticas, y junto con su círculo de amigas se burlan de su condición social.

Una tarde Érica se puso de acuerdo con sus amigas para gastarle una broma a Andrea. La broma tenía que ver con los zapatos con agujeros en la suela que Andrea había llevado a la escuela en la mañana. La llamaron por teléfono y durante cinco minutos se burlaron de ella, lo que humilló mucho a Andrea. Cuando Érica colgó el teléfono, satisfecha con su broma, se dio cuenta de que su padre, que se encontraba en la casa, había sido testigo de toda la conversación y la burla que Érica le hizo a Andrea. Su padre está ahora a punto de hablar y tomar una decisión. ¿Si fueras el padre, qué harías? ¿Por qué?

Déjalos que participen lo suficiente. Empezarán haciendo bromas durante un tiempo. Permíteselas y luego demanda seriedad a fin de que contesten.

TRASFONDO GENERAL (5 MINUTOS)

Junto a la estructura de la «montaña» que hiciste con las cajas y llevando tu vestimenta de hombre antiguo, explica que Abdías fue uno de los primeros profetas israelitas. Él profetizó durante una época extremadamente complicada de la historia de Israel y las naciones enemigas vecinas. El libro de Abdías consiste en una profecía en contra de Edom. Estos eran hombres orgullosos, ya que tenían una gran ventaja territorial y además eran muy indiferentes frente a las dificultades de los demás. Sus casas estaban sobre la montaña, de modo que sus ejércitos podían atacar desde lo alto. Cada nación que intentara asaltarlos se vería forzada a escalar a fin de poder llegar a Edom, lo cual significada perder demasiadas tropas y a la larga sufrir la derrota.

Los edomitas eran los descendientes de Esaú, el hijo mayor de Isaac y hermano de Jacob (Génesis 25:19—27:45). Al igual que su padre, los edomitas eran hombres guerreros, fuertes y valientes. Esaú recibió el nombre de Edom (que significa «rojo») en honor al guiso rojo por el cual vendió su primogenitura (Génesis 25.30). El territorio de los edomitas se encontraba al sur de Judá. El hecho de que Dios eligiera a Jacob (el menor) por sobre Esaú (el mayor) causó problemas entre los dos. Estas diferencias se prolongaron durante siglos. Jacob tuvo que huir, escapándose de la ira de su hermano. Años más tarde, ya como nación, Edom le negó a Moisés el paso por su territorio cuando Israel viajaba hacia la tierra prometida (Números 20:41-21), y además participó en ataques en contra de Judá. Todo esto generó tensiones entre ambos países. El mensaje de Abdías se refiere al juicio de Dios sobre esta nación.

AL GRANO: EJE CENTRAL (15 MINUTOS)

Divide a tu audiencia en varios grupos no mayores de cinco personas para que discutan las preguntas del «EJE CENTRAL». Deberás entregarle una copia a cada facilitador. (Estos grupos son diferentes a los que hiciste al principio). Al final de la discusión, puedes cerrar la sección de la siguiente manera:

La historia de Edom no es muy diferente a la que vivimos a diario. Y la actitud de Dios tampoco será distinta. La verdad bíblica no va a ser efecto en tu vida a menos que decidas cambiar las actitudes que deben ser modificadas. Sin embargo, la promesa de Isaías es que Dios está con los humildes y le dará vida a los que decidan dejar el orgullo como estilo de vida.

APLICACIÓN (10 MINUTOS)

Antes de que inicies la sección de la aplicación, recuérdales que el orgullo:
- No tiene que ver con las posiciones sociales.
- Es una actitud del corazón, ya que puedes tener mucho dinero y ser humilde, o ser pobre y soberbio.
- Se puede ser orgulloso muy fácilmente. La línea que divide la soberbia de una autoestima apropiada puede ser muy delgada.

APLICACIÓN GENERAL

Explícales que Dios desea que nuestra actitud hacia él y las demás personas siempre sea de humildad. La humildad se expresa a través de la forma en que nos comportamos en nuestro barrio, nuestra familia y nuestro grupo juvenil. Esa humildad se aplica:
- Cuando llegan personas nuevas: Es importante que les demos una buena acogida y les permitamos integrarse al grupo.
- Cuando tenemos condiciones sociales diferentes: Nuestro grupo juvenil no conoce lo que son las burlas, porque sin que importe lo que tengamos, sabemos que somos iguales.

APLICACIÓN PERSONAL

Entrégales las hojas «¿Y ahora qué?». Luego pídeles que consideren el problema que seleccionaron en la hoja «Mi orgullo y yo» y respondan las siguientes preguntas. La idea acá es que tú les hagas las preguntas a todos, pero que ellos las contesten en sus hojas. No les dejes todo a los jóvenes, porque muchos posiblemente se distraigan y terminen con las hojas llenas de dibujos.

- ¿Eres consiente de que se trata de un problema?
- ¿Sabes que estás lastimando a otras personas con esa actitud?

- ¿Conoces las consecuencias que podrías experimentar en tu vida, al igual que Edom?
- ¿Cuáles cambios podrías hacer para evitarlas?
- ¿Cómo transformar esta debilidad en algo que bendiga a otros?
- ¿Cuándo y cómo empezarás este proceso?

MEMORIZACIÓN DE VERSÍCULOS (10 MINUTOS)

«Dios se opone a los orgullosos, pero da gracia a los humildes» (Santiago 4:6).

MI ORGULLO Y YO
CLASIFICANDO EL PRIMER LUGAR

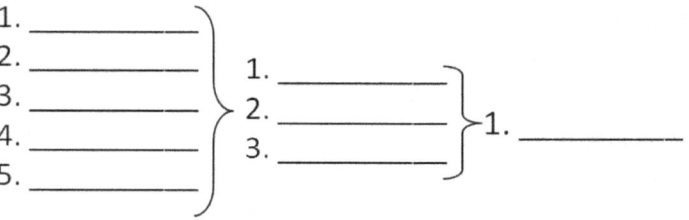

Escribe cinco cosas que te causen orgullo (no del bueno, sino del destructivo). Selecciona entre ellas las tres más graves y finalmente escoge la número uno.

HOJA DE TRABAJO
EJE CENTRAL
Abdías 1:3-4

1. Lean el pasaje en la Nueva Versión Internacional.

2. Según Abdías 1:3, ¿de dónde proviene el orgullo o la soberbia?

3. ¿Qué es lo que la soberbia provoca en nuestra vida?

   - Según tu experiencia personal.
   - Según el verso 3.

4. ¿Cómo es que ese orgullo nos puede engañar? (Haciendo que consideremos que somos mejores que otros, que Dios nos prefiere por nuestra posición, etc.).

5. La frase que aparece en el verso 3: «Tu carácter soberbio te ha engañado. Como habitas en las hendiduras de los desfiladeros, en la altura de tu morada, te dices a ti mismo: ¿Quién podrá arrojarme a tierra?», contiene las palabras de alguien que practica la autosuficiencia por las cosas que posee (en el caso de Edom, debido a la posición geográfica que disfrutaban). ¿Qué cosas hay en nuestra vida que pueden hacernos caer en la autosuficiencia y qué consecuencias podríamos experimentar si no cambiamos de actitud?

6. Dios declara en el verso 4: «Sin importar qué tan alto estés, de allí te derribaré» (paráfrasis). ¿Qué te dice esta expresión en cuanto al carácter de Señor? ¿Cómo podría Dios «derribarnos» en nuestras vidas particulares?

7. ¿Está Dios en contra de nuestro progreso o éxito? ¿Qué es lo que Dios realmente está mirando?

8. El versículo que se encuentra al final de esta hoja habla de las bendiciones de Dios a los que son obedientes. ¿Qué crees que significan esas bendiciones?

«Porque lo dice el excelso y sublime, el que vive para siempre, cuyo nombre es santo: "Yo habito en un lugar santo y sublime, pero también con el contrito y humilde de espíritu, para reanimar el espíritu de los humildes y alentar el corazón de los quebrantados"».
Isaías 57:15

¿Y AHORA QUÉ?
HOJA PERSONAL

Según la hoja «Mi orgullo y yo», ¿cuál es el principal problema de orgullo que tienes?

_____.
_____.
_____.
_____.
_____.

- ¿Estás consciente de que es un problema?
- ¿Cómo lastimas a los demás con esa actitud?

_____.
_____.
_____.
_____.
_____.

- ¿Sabes las consecuencias que podrías experimentar en tu vida al igual que Edom? ¿Cuáles pueden ser?

_____.
_____.
_____.
_____.
_____.

- ¿Cuáles cambios podrías hacer para evitarlas?

_____.
_____.
_____.
_____.

- ¿Cómo puedes transformar esta debilidad en algo que bendiga a otros?
  _____.
  _____.
  _____
  _____
  _____.

- ¿Cuándo y cómo empezarás este proceso?
  _____.
  _____.
  _____.
  _____.
  _____.

LECCIÓN 5
JONÁS PRESENTA
EL ENOJO

OBJETIVOS
Que los jóvenes:
- Aprendan que el enojo es una emoción que Dios le ha dado al ser humano.
- Conozcan varias maneras de manejar su enojo de forma apropiada.

PARA EMPEZAR: ROMPEHIELOS

OPCIÓN A (10 MINUTOS)
Coloca antes de que inicies la lección tres carteles en el salón con las siguientes leyendas:

| NADA | POCO | MUCHO |

Puedes empezar indicándoles que vas a leer varios enunciados y que ellos deberán colocarse en el área con el cartel que mejor describa su grado de enojo (una vez que se ubiquen, podrías preguntarles por qué escogieron esa opción, haciéndolo lo más rápido posible):

TEXTOS CLAVES
Jonás 4:4; Efesios 4:26

LO QUE NECESITARÁS
- Una cartulina a fin de hacer los carteles para la dinámica o cinco hojas de papel.
- Copias de la hoja «Manejando mi enojo».
- Copias de la hoja «¿Y ahora qué?» para todos.
- Lápices o lapiceros.

1. Alguien toma algunos de tus objetos personales sin tu autorización.
2. Dejan en libertad a un asesino en tu barrio.
3. Tus padres te castigan por algo que no hiciste.
4. Eres acusado de copiarte en un examen.
5. Puedes agregar algunos más de acuerdo a tu contexto local.

OPCIÓN B (10 MINUTOS)

Puedes imprimir o dibujar cinco áreas de la vida en cinco carteles u hojas y distribuirlos por todo el salón de clases. Pídeles a todos que se acerquen a uno de ellos y conversen durante un minuto sobre las cosas que más los enojan en esos contextos. A tu indicación deberán moverse a otro cartel, y así hasta terminar los cinco. Al final puedes pedirles que compartan las situaciones más curiosas con todos.

Las cinco áreas que los carteles deben incluir son:

1. Familia
2. Iglesia
3. Colegio/Escuela
4. Amigos
5. Dios

CASO DE ESTUDIO (10 MINUTOS)

Preséntales el siguiente caso a tus jóvenes:

Adrián es uno de los primos de Gabriel. Adrián es mucho más grande y fuerte, de modo que durante los últimos años se ha aprovechado de su primo: le da coscorrones, toma sus cosas personales, lo pellizca y cuando puede lo golpea. Los padres de Gabriel están al tanto de la situación. Ellos le han pedido a su hijo que confronte a Adrián y le pida que se arrepienta de su mal comportamiento y ofrezca una disculpa. De lo contrario, tendrá que enfrentar algunas consecuencias que no le gustarán. Gabriel no quiere hacer esto, ya que conoce que sus padres son personas benevolentes y terminarán perdonando a Adrián. Sin embargo, es obligado a hacerlo y para sorpresa de Gabriel, Adrián se arrepiente. Entonces los padres de

Gabriel lo perdonan y lo llevan a comer a su restaurante favorito, donde lo consienten con lo mejor del menú. Gabriel está furioso porque su primo no recibió el justo castigo que merecía, y aun más debido a que sus padres lo colmaron de regalos por haberse arrepentido. ¿Cómo te sentirías si estuvieras en el lugar de Gabriel? ¿Te ha sucedido algo similar?

TRASFONDO GENERAL (10 MINUTOS)

Explícale al grupo que transcurría la época comprendida entre los años 785-750 a. C. y Dios envia a Jonás (su nombre significa «Paloma») a un pueblo malo, mentiroso, rapaz, explotador de los indefensos, violento, cruel y sanguinario: El Imperio Asirio con su capital, Nínive. Este imperio les hacía daño a todos los países y los oprimía. El pueblo de Israel (reino del norte) estaba sufriendo a manos de este imperio despiadado. Ellos fueron conocidos a lo largo de la historia por tener el ejército más malvado. A las personas que tomaban como rehenes les clavaban garfios en el cuerpo y las arrastraban por kilómetros amarradas a los caballos. Jonás se encuentra quizá ante una de las misiones más difíciles de su vida, ya que debía hacerle un llamado al arrepentimiento al imperio más cruel, el cual encima de todo oprimía a su propio pueblo. Esto llevó a Jonás a tomar un barco e irse en dirección contraria a la indicada por Dios. Asiria quedaba al noreste de Israel, mientras que Tarsis (el lugar a donde huyó Jonás) se encontraba al Oeste. Después de que el barco en que viajaba atravesara una tempestad, lo lanzan al mar, donde un pez enorme se lo traga para luego vomitarlo. Entonces entendió que Dios no lo iba a dejar ir fácilmente. Así que fue a Nínive y les predicó. El pueblo se arrepintió y Dios los perdonó. Este perdón enojó muchísimo a Jonás, quien le reclamó a Dios de forma airada.

AL GRANO: EJE CENTRAL (20 MINUTOS)

En este momento lee en voz alta los siguientes versos:

«¿Tienes razón de enfurecerte tanto? —le respondió el Señor» (Jonás 4:4).

«"Si se enojan, no pequen." No dejen que el sol se ponga estando aún enojados» (Efesios 4:26).

Luego relaciónalos con el contexto que previamente explicaste. Puedes decir algo como esto:

Jonás se enojó muchísimo cuando comprobó que Dios perdonaría a este pueblo que tanto mal le había hecho a su propia gente. Por otro lado, y más adelante en el capítulo 4, Jonás vuelve a enojarse, pero esta vez por algo bastante menos importante: una planta que le daba sombra se había secado. Esto lo llevó a reclamarle a Dios de forma airada, incluso utilizó una expresión que probablemente ninguno de nosotros usaría con nuestros padres: «Me muero de rabia».

Divídelos en grupos más pequeños y entrégales una copia de la hoja «Manejando mi enojo». Puedes finalizar la lección diciendo algo así:

¿Estamos manejando nuestro enojo de forma apropiada? La Biblia afirma: «Dios no nos ha dado un espíritu de timidez, sino de poder, de amor y de dominio propio» (2 Timoteo 1:7), por lo tanto, tenemos en nosotros al Espíritu Santo, el cual nos puede ayudar a manejar nuestras emociones.

APLICACIÓN GENERAL (5 MINUTOS)

Puedes formar parejas a fin de que discutan cómo manejan su enojo y se pongan de acuerdo para reunirse o llamarse por teléfono durante la semana, de modo que puedan comentarse cómo les está yendo en cuanto al manejo de su enojo.

APLICACIÓN PERSONAL (5 MINUTOS)

Entrégale una copia de la hoja «¿Y ahora qué?» a cada uno y dales cinco minutos para que mediten en sus emociones.

MEMORIZACIÓN DE VERSÍCULOS (10 MINUTOS)

Divide a la clase en tres grupos lo más rápido posible. Que cada grupo invente una forma de decir cada parte del texto de una forma original (puede ser cantado, pronunciado con cara de enojo o en un tono raro, etc.), luego intercambia las partes entre los grupos.

- Grupo 1: «Si se enojan,
- Grupo 2: no pequen.»
- Grupo 3: No dejen que el sol se ponga estando aún enojados.

Repítelo varias veces y luego terminen diciendo el versículo completo todos juntos.

HOJA DE TRABAJO
EJE CENTRAL

MANEJANDO MI ENOJO

Es importante saber que el enojo es una más de nuestras emociones (al igual que la tristeza, la alegría, etc.) y como tal debemos aprender a manejarlo. El enojo no está mal en sí mismo. Enojarse no es pecado. La diferencia radica en lo que hago cuando estoy enojado.

Maneras en que algunas personas reaccionan cuando están enojadas:

1. Golpean (a sí mismas y a otros).
2. Gritan o levantan la voz.
3. Dicen palabras hirientes (mentiras, sarcasmos, etc.).
4. Se quedan en silencio (no le hablan a nadie por mucho tiempo).
5. Tiran las puertas y se encierran en la habitación.
6. Lanzan y quiebran objetos (por lo general, lo que tengan más cerca).
7. No escuchan cuando otras personas les hablan (no oyen consejos).

Anoten y discutan otras maneras de acuerdo a su propia experiencia:

1. _____
2. _____
3. _____
4. _____

LA ESCRITURA

Escribe en tus propias palabras lo que dicen los siguientes textos con relación al tema:

- Efesios 4:31

_____

- Proverbios 4:24

_____
_____

- Salmo 37:8

_____
_____

- Proverbios 12:16

_____
_____

- Eclesiastés 7:9

_____
_____

- Proverbios 12:18

_____
_____

Discutan las siguientes maneras de actuar cuando estamos enojados:

1. Decido no alterarme. Cuando decido no gritar o no decir algo de lo que después tenga que arrepentirme, puedo tener la capacidad de controlar cómo actúo y ser responsable por mis acciones.

2. Contar hasta que se nos quite el enojo. (¡Para algunos contar hasta diez no es suficiente!).

3. Callar. Muchas veces las peores palabras se dice en medio del enojo. Es mejor guardar silencio por un tiempo prudencial hasta poder conversar con la cabeza «fría».

4. Respirar profundo muchas veces.

5. Llamar a un amigo. Expresarle a otra persona cómo nos sentimos nos puede ayudar a canalizar el enojo de una forma apropiada. Busca a una persona que te aprecie y quiera lo mejor para ti.

6. Hablar. Una vez tranquilizados, podemos conversar con las palabras adecuadas y el tono correcto.

7. Rendir cuentas. Cuando tenemos que rendirle cuentas a una persona que nos ama y es madura en la fe, nos sentimos más responsables en cuanto a las decisiones que estamos tomando.

Escribe otras

1. _____.
2. _____.
3. _____.

> Abandonen toda amargura, ira y enojo, gritos
> y calumnias, y toda forma de malicia.
> **Efesios 4:31**

¿Y AHORA QUÉ?
HOJA PERSONAL

EL ENOJO

1. Identifica tres cosas que te hacen enojar durante la semana:
   - _____
     _____.
   - _____
     _____.
   - _____
     _____.

2. Escoge de la lista que aparece en la hoja de trabajo dos maneras de actuar que te ayudarían personalmente a manejar de forma adecuada tu enojo.
   - _____
     _____.
   - _____
     _____.

3. Reflexiona sobre las opciones que escogiste y dedica un momento para orarle a Dios a fin de que te dé fuerzas y autocontrol de modo que puedas actuar de esas maneras durante los momentos de enojo que escribiste.

LECCIÓN 6
MIQUEAS PRESENTA
LA VERDADERA RELIGIÓN

OBJETIVOS
Que los jóvenes:
- Entiendan de qué se trata la verdadera religión.
- Se comprometan a vivir más de acuerdo a lo que Dios quiere que a lo que la tradición nos dice.

ANTES DE EMPEZAR
Preparación de los materiales:
- Consigue a un «fariseo» voluntario, alguien que pueda dramatizar y pronunciar un pequeño monólogo acerca de lo que es ser un fariseo (Hoja «Soy un fariseo»).
- Esto significa que debe vestirse como tal, así que consigue una túnica, una barba falsa, sandalias, etc. Busca en Internet una imagen de un fariseo y traten de imitarla.

PARA EMPEZAR: ROMPEHIELOS (10 MINUTOS)
Sin anunciar nada, pídele a tu voluntario fariseo que se pasee por el salón durante unos treinta segundos y luego pase al frente e inicie el

TEXTOS CLAVES
Santiago 2:26; Miqueas 6:6-8

LO QUE NECESITARÁS
- Hoja «Soy un fariseo» para algún voluntario. La idea no es que lea, sino que interiorice lo que está escrito y lo exprese en sus propias palabras. Asegúrate de darle un buen tiempo a tu «actor» para que se prepare. Puede tratarse de una mujer, pero debe vestirse de varón, ya que esa era la costumbre.
- Hojas del EJE CENTRAL para los facilitadores:
  - La justicia
  - La misericordia
  - La humillación
- Pizarra acrílica, papel periódico o algo donde puedas escribir y tomar notas en la parte de la aplicación. También marcadores. Si tu grupo tiene los recursos, puedes usar una computadora y un proyector.

monólogo. Cuando haya terminado y se retire, entra en escena y di algo así:

¡Qué personaje! Así eran los fariseos de hace mas de dos mil años. Se creían mejores porque seguían una serie de ritos establecidos por ellos mismos, los que los hacían parecer muy espirituales. Jesús los desenmascaró y les dijo que aunque se veían muy bien por fuera, por dentro estaban podridos. ¿Qué les parece?

Hoy en día, aunque los fariseos ya no existen, hay muchas personas que aun viven con una actitud farisaica dentro de la iglesia. Esta religiosidad falsa es muy peligrosa, por eso es importante que hablemos hoy del tema.

El profeta Miqueas tuvo que enfrentar a una nación que se había olvidado de lo que verdaderamente Dios quería. Hoy vamos a ver de qué se trata la verdadera religión.

TRASFONDO GENERAL (5 MINUTOS)

Explica que Miqueas predicó desde el reino del sur. Él fue testigo junto con Isaías del cautiverio que el reino del norte sufrió a manos del Imperio Asirio. También en el mensaje de Miqueas vemos a un Dios que hace justicia cuando el pueblo es desobediente, ya que como el profeta y todo el pueblo de Israel aprenderían de la manera difícil, toda acción trae consecuencias para nuestra vida. En los tiempos de nuestro profeta, Israel vivía una época particular. Mientras el norte era llevado como esclavo a Asiria, el sur experimentaba una gran angustia a causa de los ejércitos enemigos, pero también debido a la forma en que los ricos explotaban a los pobres y la presión corrupta que el gobierno ejercía sobre sus habitantes. Nuestro profeta se levantó con un grito en busca de justicia social.

Luego puedes decir:

Estas injusticias que se vivían no eran tan evidentes porque muchas de las personas estaban cumpliendo con lo ritos que habían establecido, así que su conciencia estaba tranquila. Eso sucede algunas veces en la iglesia cuando mientras estamos dentro de ella cantando y con las manos levantadas tenemos orgullo en nuestro corazón, cometemos injusticias en nuestro trabajo, estudio u hogar, o inclusive si no sabemos extenderles a otras personas perdón y misericordia. Miqueas nos habla de una religión que verdaderamente bendice a otros.

AL GRANO: EJE CENTRAL (35 MINUTOS)

Divide a tu audiencia en tres o seis grupos dependiendo del tamaño (trata de que no sean más de cinco o seis personas por grupo). Si no cuentas con la suficiente cantidad de jóvenes a fin de formar seis grupos, adapta la actividad para tres. El número de grupos debe ser un múltiplo de tres, ya que usaremos tres hojas de trabajo distintas. Entrégaselas a un facilitador y dales unos minutos a cada grupo para que la desarrollen.

Cuando terminen, deberán hacer una presentación de lo acordado. En esta presentación grupal deberán básicamente responder tres preguntas:

1. ¿Qué es la misericordia / la justicia / la humillación?
2. ¿Cómo hemos fallado en ejercerla?
3. ¿Cómo podemos practicarla?

Es bueno que le den participación a todos, aun en la parte de la exposición. Al final de las exposiciones puedes cerrar de esta manera:

No es sencillo hacer lo que Dios quiere. Sin embargo, sabemos que es BUENO, le hace bien a nuestras vidas y trae bendiciones. No hay ningún problema en que vengamos a la iglesia, oremos, cantemos y levantemos nuestras manos. Pero si esto no va acompañado de la misericordia, la justicia y la humillación ante Dios, se trata tan solo de una religiosidad más. ¿Creen que podemos hacer algo para ser más obedientes a Dios como nos enseña Miqueas?

APLICACIÓN PERSONAL (10 MINUTOS)

Reparte las hojas «¿Y ahora que?» junto con un lápiz a cada joven y dales un tiempo para que mediten en ellas. Al final termina diciendo:

Como todo en el cristianismo, la decisión de hacer cambios personales nos corresponde a nosotros. Nadie nos va a obligar, pero sabemos que cuando practicamos estas cosas nos parecemos más a Dios y él se complace con nosotros. Todo esto siempre se traduce en bendición para nuestras vidas.

Termina orando con los jóvenes, permite que sean ellos mismos los que cierren en oración.

MEMORIZACIÓN DE VERSÍCULOS (10 MINUTOS)

«¡Ya se te ha declarado lo que es bueno! Ya se te ha dicho lo que de ti espera el Señor: Practicar la justicia, amar la misericordia, y humillarte ante tu Dios» (Miqueas 6:8).

SOY UN FARISEO

Los fariseos eran un grupo de judíos en particular que compartían cierta interpretación de la ley mosaica. Se caracterizaban por ser muy rígidos en cuanto a su comprensión de la ley. Llegaron a tener una posición importante en Israel, especialmente en los tiempos de Jesús. Él mismo los desenmascaró usando la palabra «hipocresía». En realidad, si bien hablaban mucho de la ley, no la practicaban como debían. Estos hombres eran religiosos que se olvidaron de la verdadera esencia de lo que la Palabra de Dios decía.

MONÓLOGO

Se debe emplear un tono muy religioso o espiritual, considerando que uno es la persona más buena de todo el planeta. Algunos chicos empezarán a reírse, así que se necesita tratar de mantener la seriedad de un verdadero fariseo.

Shalom mis hermanos. Es una verdadera bendición estar con ustedes. Recién vengo de hacer mi ayuno de cinco días y mis oraciones diarias.

He venido a enseñarles de qué se trata la religión de religiones: la mía. Y qué mejor ejemplo para eso que yo mismo.

Creo que mentes jóvenes como ustedes necesitan mentores sagaces, maduros, buenos y cercanos a Dios como yo.

Conozco todos los libros de la Biblia, enseño a otros, vengo a la iglesia a menudo, doy mucho de mi dinero para obras de caridad, y vean cómo tengo el rostro de triste por el sufrimiento que experimenté durante el ayuno.

En mí no van a ver las conductas de esos muchachitos de hoy en día, que comen goma de mascar y usan esos atuendos tan irreverentes para asistir al templo de Dios. Yo no peco como ellos, y le doy gracias a Dios por no haberme hecho tan irrespetuoso.

Así que si alguno de ustedes quiere ser como yo... es decir, como Dios, síganme, que les enseñaré los secretos de la religión del fariseo.

En ese momento sal del salón pausadamente, hasta que los chicos no puedan observarte más.

HOJA DE TRABAJO
EJE CENTRAL
Miqueas 6:6-8

LA JUSTICIA

1. Lean todos los versos para luego dar sus respuestas.

2. Noten que los versos 6 y 7 están formados por preguntas. Esta es la oración de un pueblo que creía que estaba haciendo todo bien, pero después del reclamo de Dios ya no sabe cómo practicar genuinamente su religión. ¿Cuáles son las opciones que ellos creen que le agradan Dios como verdadera religión? (Permíteles responder). Luego explica que se mencionan los holocaustos, los sacrificios… ¡incluso preguntan si deberían ofrecer sacrificios humanos!

3. Noten la expresión «ofreceré a mi primogénito». ¿Qué les dice del conocimiento que ellos tenían de Dios? ¿Quería Dios sacrificios humanos?

4. ¿Qué es lo que Dios quiere de nuestra «religión» o fe hoy en día? (Permíteles decir lo que quieran. No les corrijas en este punto). Lean una vez más el verso 8.

5. Concéntrense en la frase **PRACTICAR LA JUSTICIA.**

    - ¿Cómo se define la justicia? (Darle a cada uno lo que le corresponde o pertenece).

    - ¿Creen que vivimos en tiempos de injusticia? ¿Por qué?

    - En el contexto de Miqueas hablamos de la justicia social. ¿Por qué está Dios interesado en que ejerzamos esta clase de justicia?

    - Miqueas habla de PRACTICAR esta justicia. ¿Qué implica la palabra «practicar»? ¿Es un asunto solo de predicarla y enseñarla?

- ¿Consideran que es parte del cristianismo practicar esta justicia?

- Santiago escribió: «La fe sin obras está muerta». ¿Qué significa eso?

- ¿Cómo podemos practicar esta justicia dentro del grupo?

> La fe sin obras está muerta.
> **Santiago 2:26**

HOJA DE TRABAJO
EJE CENTRAL
Miqueas 6:6-8

LA MISERICORDIA

1. Lean todos los versos para luego dar sus respuestas.

2. Noten que los versos 6 y 7 están formados por preguntas. Esta es la oración de un pueblo que creía que estaba haciendo todo bien, pero después del reclamo de Dios ya no sabe cómo practicar genuinamente su religión. ¿Cuáles son las opciones que ellos creen que le agradan Dios como verdadera religión? (Permíteles responder). Luego explica que se mencionan los holocaustos, los sacrificios... ¡incluso preguntan si deberían ofrecer sacrificios humanos!

3. Noten la expresión «ofreceré a mi primogénito». ¿Qué les dice del conocimiento que ellos tenían de Dios? ¿Quería Dios sacrificios humanos?

4. ¿Qué es lo que Dios quiere de nuestra «religión» o fe hoy en día? (Permíteles decir lo que quieran. No les corrijas en este punto). Lean una vez más el verso 8.

5. Concéntrense en la frase **AMAR LA MISERICORDIA.**
    - ¿Cómo se define la misericordia? (Es no pagarle a otros de acuerdo a lo que merecen. Si merecían un castigo, la misericordia no procura ese castigo).
    - ¿Nos es fácil practicar la misericordia? ¿Por qué no? (Explícales que naturalmente queremos la justicia para nosotros, pero la misericordia no es justa, sino constituye un acto de amor).
    - Notemos que el autor habla de AMAR la misericordia. ¿Qué

significa amar? (Es el acto voluntario y racional de aceptar a alguien o algo. No es un asunto emocional).
- ¿Cómo hemos fallado a nivel grupal e individual en ofrecerles misericordia a otros?
- Santiago escribió: «La fe sin obras está muerta». ¿Qué significa eso?
- ¿Cómo podemos practicar la misericordia dentro del grupo?

La fe sin obras está muerta.
Santiago 2:26

HOJA DE TRABAJO
EJE CENTRAL
Miqueas 6:6-8

LA HUMILLACIÓN

1. Lean todos los versos para luego dar sus respuestas.

2. Noten que los versos 6 y 7 están formados por preguntas. Esta es la oración de un pueblo que creía que estaba haciendo todo bien, pero después del reclamo de Dios ya no sabe cómo practicar genuinamente su religión. ¿Cuáles son las opciones que ellos creen que le agradan Dios como verdadera religión? (Permíteles responder). Luego explica que se mencionan los holocaustos, los sacrificios... ¡incluso preguntan si deberían ofrecer sacrificios humanos!

3. Noten la expresión «ofreceré a mi primogénito». ¿Qué les dice del conocimiento que ellos tenían de Dios? ¿Quería Dios sacrificios humanos?

4. ¿Qué es lo que Dios quiere de nuestra «religión» o fe hoy en día? (Permíteles decir lo que quieran. No les corrijas en este punto). Lean una vez más el verso 8.

5. Concéntrense en la frase **HUMILLARTE ANTE TU DIOS**
    - ¿Cómo se define la humillación? (Inclinar la cabeza o doblar la rodilla, especialmente en señal de sumisión y acatamiento).
    - ¿Por qué nos cuesta tanto humillarnos? ¿Es igual humillarse ante otros que ante Dios?
    - ¿Cómo podemos lograr esa humillación ante nuestro Dios?
    - Nota que Miqueas dice «ante tu Dios» y nos habla de una pertenencia. Dios es NUESTRO Dios. ¿Qué diferencia existiría si la humillación fuera ante otras cosas que no son nuestras?

- ¿La humillación es simplemente el acto de asumir una posición particular con nuestro cuerpo o se trata de algo más profundo? ¿Como qué?
- La humillación ante Dios no nos da espacio para que opinemos, solo implica acatar una orden y obedecerla. ¿Qué órdenes nos da el Señor que no estamos acatando?
- Santiago escribió: «La fe sin obras está muerta». ¿Qué significa eso?
- ¿Cómo podemos practicar la humillación dentro del grupo?

La fe sin obras está muerta.
Santiago 2:26

¿Y AHORA QUÉ?
HOJA PERSONAL

¡Es hora de pensar! Hay tres áreas de la vida que son importantes para ti: la familia, la escuela y la iglesia. Hoy hemos aprendido tres principios que Dios quiere para tu vida: la humildad, la misericordia y la justicia. ¿Cómo podemos aplicar los principios de Miqueas en esas áreas?

Escoge dónde ubicar cada principio y luego escribe cómo lo vas a poner en práctica ESTA semana.

	Principio (Justicia, humildad y misericordia)	**Aplicación** (¿Qué voy a hacer?)
Familia		
Escuela		
Iglesia		

LECCIÓN 7
NAHÚM PRESENTA
LA PAGA DEL PECADO

OBJETIVOS
Que los jóvenes:
- Reconozcan que todo pecado cometido debe pagarse.
- Sepan que Cristo es el único que puede pagar por sus pecados.
- Comprendan que a pesar de que el pecado se perdona, trae consecuencias inevitables.

LO QUE NECESITARÁS
- Copias de «Pagando la deuda» para cada grupo.
- Un facilitador en cada grupo pequeño que tenga muy claro el mensaje de la salvación.

PARA EMPEZAR: ROMPEHIELOS (15 MINUTOS)
Divide a los jóvenes en grupos de no menos de siete personas. Luego explícales que vamos a hablar de cómo nos fue durante esta semana mientras jugamos «Regla y consecuencia». La dinámica del juego es la siguiente: Cada persona, antes de contar cómo le fue en la semana, debe dar una regla (por ejemplo: Nadie puede decir la palabra NO) y luego explicar la consecuencia que experimentará el que rompa la regla (el que

TEXTOS CLAVES
Nahúm 1:7-9; Romanos 3:23; Hebreos 9:28a

LO QUE NECESITARÁS
- Copias de «Pagando la deuda» para cada grupo.
- Un facilitador en cada grupo pequeño que tenga muy claro el mensaje de la salvación.

lo haga deberá ponerse de pie y dar cinco saltos). Las reglas y las consecuencias deben poder cumplirse en ese mismo momento. Conforme la plática vaya avanzando y las reglas se hagan más numerosas, será evidente el cuidado que deberán tener para no pagar las consecuencias. Después de un rato de practicar este juego, reúnelos a todos y diles:

¿Cómo se sintieron al tener que pagar por las reglas que quebrantaron y que otras personas establecieron? ¿Qué haríamos si las consecuencias fueran más grandes y te afectaran de forma personal? La vida es así. La misma tiene reglas que, de ser quebrantadas, producen consecuencias.

CASO DE ESTUDIO (10 MINUTOS)

Preséntale el siguiente caso al grupo:

Los padres de Carlos, que tiene diecisiete años, se han mantenido exhortándolo a estudiar a diario. A través de todo el año han insistido en el asunto de diversas maneras: hablándole acerca de la importancia del estudio, lo necesario que es ser responsable, lo conveniente que es obtener buenas calificaciones, etc. Carlos ha manifestado entender todo lo que sus padres le han dicho. Sin embargo, cada semestre sus notas son peores, simplemente porque no estudia. Sus padres han hecho todo lo posible para apoyarlo, lo han incentivado, lo han premiado, pero él no ha respondido. Al llegar al final del año, las notas que obtuvo no son suficientes para decir que concluyó el grado con éxito: Ha reprobado el curso lectivo. Si fueras el padre o la madre de Carlos, ¿qué consecuencias debería experimentar tu hijo?

TRASFONDO GENERAL (5 MINUTOS)

Explica que el Imperio Asirio, con su gran ciudad de Nínive, había recibido la advertencia de Dios a través de Jonás en cuanto al posible castigo, pero se arrepintieron y Dios los perdonó en aquella ocasión. Sin embargo, ahora habían regresado a su maldad y su pecado llegó a los oídos de Dios, rebasando el límite de su gracia. En el año 722 a. C., Asiria se había llevado cautivo a Israel, y a través del tiempo también conquistó y torturó a otros pueblos. La maldad era extrema, la violencia de este pueblo no tenía límites, algo que desagradaba al Señor. Fue entonces cuando se firmó su sentencia: Dios había decidido destruirlos. Así que envía a Nahúm (su nombre significa «Consuelo») para que les dé su mensaje. Su ministerio se llevó a cabo entre los años 663 y 612 a. C. Algo importante en el mensaje de este profeta fue que la decisión era inminente, no había marcha atrás. Nada que la gente de Nínive hiciera podría lograr que Dios cambiara de parecer. En ninguna parte de este libro encontramos ni una pizca de posibilidades. El castigo no tenía marcha atrás. En el año 612 a. C., Nínive y todo el Imperio Asirio es destruido, y con ello se cumple una vez más la palabra profética del Señor. En un momento la gracia de Dios los había alcanzado cuando Jonás les predicó, sin embargo, continuaron con su maldad y la consecuencia de su pecado los alcanzó.

AL GRANO: EJE CENTRAL (25 MINUTOS)

En este momento lee en voz alta los siguientes pasajes:

«Bueno es el Señor; es refugio en el día de la angustia, y protector de los que en él confían. Pero destruirá a Nínive con una inundación arrasadora; ¡aun en las tinieblas perseguirá a sus enemigos! ¿Qué traman contra el Señor? ¡Él desbaratará sus planes! ¡La calamidad no se repetirá!» (Nahúm 1:7-9).

«Pues todos han pecado y están privados de la gloria de Dios» (Romanos 3:23).

«También Cristo fue ofrecido en sacrificio una sola vez para quitar los pecados de muchos» (Hebreos 9:28a).

Relaciona tales versos con el contexto que previamente explicaste. Puedes decir algo así:

La bondad de Dios había sido muy evidente para Nínive. Sin embargo, la paciencia del Señor no resultó eterna. Cada pecado cometido estaba a punto de recibir su justo castigo. Al igual que para las personas de Nínive, nuestras vidas acarrean una serie de consecuencias debido el pecado que hemos cometido, y solo podemos encontrar el perdón para esos pecados en Jesús.

Divídelos en grupos de tres o cuatro jóvenes y entrégales una copia de «Pagando la deuda» al final de esta lección. Esta será una excelente oportunidad para que les hables con franqueza a los chicos.

- A los que ya son cristianos, pídeles que reevalúen su cristianismo y su relación con Jesucristo.
- A los que no son cristianos, exhórtalos a que tomen una decisión por Cristo.

Para cerrar esta sección puedes mencionar algo así (esta conclusión estará unida directamente con la aplicación):

Dios es amor y gracia, pero también es justicia. Él no puede simplemente pasar por alto los pecados que cometemos. Dios es tan santo que cada pecado lo ofende de manera personal, y como además es justo, debe hacer que alguien pague por ellos. Nosotros pertenecemos a ese grupo de personas que lo han ofendido, y por lo tanto también tenemos que pagar con nuestras vidas.

La Biblia dice que por cuanto todos pecamos, estamos separados de Dios. Sin embargo, él nos ama tanto que mandó a Jesucristo para que pagara las consecuencias de lo que hemos hecho. La deuda ya está pagada, pero se requiere que hablemos con Dios con un corazón arrepentido por nuestro pecado. Él espera que depositemos nuestra fe por completo en Jesús y sus mandamientos. Esta es la decisión más inteligente e importante que una persona puede hacer en la vida.

¿A alguno de ustedes le gustaría tomar esta decisión hoy?

Espera que los chicos piensen un poco. Si hay alguno que desea hacerlo, acércate a él y pídele que se quede al final para que hablen juntos. Si nadie levanta la mano, entonces di:

Pueden marcharse de aquí con la seguridad de que Dios perdonó sus pecados, pero también debemos recordar que después de haber recibido este perdón, aún debemos enfrentar algunas consecuencias por nuestras acciones. Este proceso resulta doloroso y por eso Dios nos ofrece en su palabra consejos claros a fin de seguir sus caminos y evitar consecuencias que nos lastimen. Sin embargo, la decisión siempre es tuya.

Ora por tus jóvenes

MEMORIZACIÓN DE VERSÍCULOS (10 MINUTOS)

Rápidamente forma cuatro grupos y dale una parte del versículo a memorizar a cada grupo para que la digan en voz alta juntos (crea un ambiente de fiesta, donde puedan literalmente gritar el versículo). Puedes ir intercambiando los grupos hasta que cada chico haya dicho todas las partes del versículo. Al final, toda la clase puede decir Romanos 6:23 en voz alta:

Grupo 1: Porque la paga del pecado es muerte,
Grupo 2: mientras que la dádiva de Dios es vida eterna
Grupo 3: en Cristo Jesús,
Grupo 4: nuestro Señor.

HOJA DE TRABAJO
EJE CENTRAL

PAGANDO LA DEUDA
Nahúm 1:7-9; Romanos 3:23; Hebreos 9:28a
Lean con detenimiento los pasajes anteriores y respondan:

NAHÚM

1. ¿Cuál es la bendición que Dios les da a aquellos que confían en él? ¿Qué significa ser protector?

2. ¿Por qué Dios castigo a Nínive? ¿Qué te hace diferente a las personas de Nínive

ROMANOS

1. Pablo habla en Romanos acerca de que todos pecaron. ¿Qué es el pecado? ¿De qué forma hemos pecado?

2. ¿Qué es la gloria de Dios? ¿Qué significa estar privado de ella?

HEBREOS

1. ¿Cómo fue ofrecido Jesús en sacrificio?

2. ¿Cómo Cristo quitó los pecados?

3. ¿A qué se refiere con «muchos»? ¿Estás incluido tú en esos «muchos»?

> Porque la paga del pecado es muerte, mientras que la dádiva de Dios es vida eterna en Cristo Jesús, nuestro Señor.
> **Romanos 6:23**

LECCIÓN 8
HABACUC PRESENTA
LA JUSTICIA DE DIOS

OBJETIVOS
Que los jóvenes
- Aprendan que sin importar lo que suceda en sus vidas, Dios tiene el control de las cosas.
- Busquen obedecer a Dios y le dejen la justicia a él.

ANTES DE EMPEZAR
Preparación de materiales:
- Busca con anticipación noticias (en la radio, los periódicos, la Internet, etc.) en las que se mencionen algunos actos de injusticia. Puedes emplear noticias relacionadas con cualquier parte del mundo.
- Trata de montar un «estudio de grabación» en el que dos voluntarios previamente preparados puedan presentar estas noticias de una manera seria, como en la televisión. Recuerda que esta sección no es jocosa.
- Los comentaristas deben venir preparados con algunas notas ensayadas y vestir la ropa adecuada para un reportero.

TEXTOS CLAVES
Habacuc 1:2-5; 2:4; 3:17-19

LO QUE NECESITARÁS
- Copias para cada grupo del EJE CENTRAL.
- Copias para todos de la hoja «¿Y ahora qué?».
- Un recipiente donde puedas destruir controladamente los papeles que los chicos utilizarán al final de la lección. Puedes destruirlos por medio del fuego (ten mucho cuidado, por favor), utilizando unas tijeras, o cualquier cosa que te permita eliminar todo rastro de la información que han escrito en ellos.

PARA EMPEZAR: ROMPEHIELOS (5 MINUTOS)

Apaga las luces del salón a fin de iniciar la trasmisión de las noticias con tus dos voluntarios. No tarden más de cinco minutos en esta sección. Recuerda que se trata solo de una introducción y no de la parte central de tu lección. Al final puedes interrumpir el noticiero diciendo algo así:

Noticias como estas son el pan diario de nuestras vidas. Existe un fuerte resentimiento de parte de las personas y no siempre es por los hechos en sí, sino debido a la injusticia de que otros tengan que pagar por algo que no hicieron o algunos nunca paguen por sus culpas. Sin embargo, cuando le entregamos nuestra vida a Cristo las cosas cambian radicalmente. Esto significa que a pesar de que muchos no recibimos la justicia que queremos, tenemos a alguien que es cien por ciento justo, no se equivoca y no deja nada sin ser resuelto, especialmente en nuestras vidas. Se trata de nuestro Dios, y hoy hablaremos de la justicia que él practica. Justo hay alguien que experimentó eso de manera personal...

CASO DE ESTUDIO (10 MINUTOS)

Reúne a los jóvenes en grupos de cinco personas según el género (las mujeres por un lado y los hombres por el otro). Preséntale el caso a todo el grupo y luego permite que dialoguen entre ellos.

Federico estudia en la secundaria. Tiene catorce años y unos padres muy estrictos. Sus padres no aceptan que Federico les discuta nada, así que en cada conversación él debe mantenerse en silencio, sea cual sea la situación. ¡Hoy su padre fue a pagar el teléfono y se encontró con la desagradable sorpresa de que la cuenta del mismo casi se había duplicado! De inmediato concluyó que Federico ha estado hablando de más con su novia cuando él no puede darse cuenta, de modo que lo llama y comienza a darle el sermón de su vida. Cuando Federico trata de explicar que no ha utilizado el teléfono, su padre lo manda a callar y continúa con el regaño. Después de veinte minutos, Federico se siente frustrado, humillado, impotente y muy enojado. Su padre se retira a su habitación advirtiéndole que estará castigado durante dos fines de semana sin poder salir con su novia o sus amigos. La madre recién se da cuenta de la discusión y le explica a solas a su esposo que este mes ella llamó varias veces al celular de su hermana y habló con ella durante bastante tiempo. Federico se encuentra ahora en su habitación.

Si fueras él, ¿qué harías? ¿Por qué? ¿Te ha sucedido algo similar? ¿Puedes contarnos?

Deja que hablen todo lo que quieran. No le pongas freno a lo que puedan expresar, pues en este momento se valen todas las quejas. Luego vuelve a la seriedad y que contesten las preguntas.

TRASFONDO GENERAL (5 MINUTOS)

Explícales que Habacuc profetizó en el reino del sur, llamado Judá. Este pueblo sería llevado cautivo a Babilonia como un acto de justicia por sus maldades. Habacuc estaba indignado al ver la maldad de su propio pueblo y percibir que Dios no estaba haciendo nada al respecto. Es entonces que invoca al Señor y casi le reclama por esta situación. La expresión que utiliza es: «¿Hasta cuándo vas a permitir que estos malos judíos sigan haciendo sus fechorías?». La respuesta divina fue dura para el profeta, el cual pensó después que a Dios se le «había pasado la mano». El Señor hizo justicia y para un hombre como Habacuc la lección quedó grabada en su mente: «Dios no es imparcial ante la maldad, él hace siempre justicia». El profeta tuvo que experimentar muchas de estas cosas en carne propia, pero Dios le prometió que a pesar de las cosas que ocurrían a su alrededor, él estaría en control y lo protegería. Esta promesa no podía ser entendida más que con los ojos de la fe. Por eso la expresión divina quedaría atesorada en el corazón de Habacuc: «El justo vive por su fe».

AL GRANO: EJE CENTRAL (20 MINUTOS)

Divide a los chicos en grupos con un facilitador y discutan las preguntas del «EJE CENTRAL». Al final de la discusión, puedes cerrar esta sección de la siguiente manera:

No siempre recibimos lo que queremos o esperamos. De lo que sí podemos estar seguros es de que el más justo de todos en el universo, Dios, está observándonos y va a interceder por nosotros. Por eso es tan importante que le permitamos hacer justicia, aun si su justicia no es igual a la que nosotros practicaríamos. Esto es lo que se llama FE.

APLICACIÓN GENERAL (10 MINUTOS)

La idea de esta sección es que los jóvenes puedan enfocar su atención en Dios en medio de las injusticias que han vivido. Recuérdales que las injusticias se evidencian en todas aquellas veces que han recibido un trato que no merecían. Hazle algunas preguntas al grupo y dales tiempo para que respondan:

- ¿Alguna vez han actuado de manera injusta con alguien? ¿Cuándo?
- ¿Qué creen que se merecen por haber sido injustos? (Aquí estamos buscando llegar a la palabra PERDÓN. Si no la dicen, menciónala tú).

Sigue hablando con ellos así:

Todos merecemos el perdón, y las personas que han sido injustas contigo y te han hecho daño también lo merecen. El perdón no es algo que tenga que ver con que alguien más te lo pida, sino que debes otorgarlo de forma voluntaria.

Si fuera por un asunto de justicia, todos tendríamos que pagar eternamente debido a nuestros pecados. No obstante, Dios perdonó a la humanidad a través de Jesucristo y luego nos mandó a hacer lo mismo. Esto no significa que no se haya hecho justicia, ya que Jesús tuvo que morir en la cruz. Sin embargo, el precio no fue pagado por ti o por mí.

¿Qué demanda Dios de nosotros? ¿Que seamos jueces e impartamos justicia? (Permite que respondan). Dios nos pide que seamos como él. Que le permitamos hacer justicia y le obedezcamos. A esto se le llama FE, creer que él hará justicia.

APLICACIÓN PERSONAL (10 MINUTOS)

Aprovecha el momento de franqueza que acaban de tener y entrégales las hojas «¿Y ahora qué?». Asegúrate de tener lápices a la mano para todos. Dales una simple instrucción acerca de cómo llenar la hoja que les has facilitado.

Al final recoge las copias y destrúyelas adecuadamente en el recipiente que has preparado. Mientras tanto, explica que todas esas cosas han quedado en el pasado, ya que hemos decidido perdonar y dejar la justicia en manos de Dios. Termina con una oración colectiva.

MEMORIZACIÓN DE VERSÍCULOS (10 MINUTOS)

«El insolente no tiene el alma recta, pero el justo vivirá por su fe» (Habacuc 2:4).

HOJA DE TRABAJO
EJE CENTRAL
Habacuc 1:2-5; 3:17-19

1. ¿Cómo defines la justicia?

2. ¿Te has sentido alguna vez con deseos de reclamarle a Dios por algunas cosas que te suceden que no son justas? ¿Cuáles son?

3. Habacuc se sintió así hace muchos años. Lean 1:2-5 y respondan: ¿Qué sentimiento abriga el corazón de Habacuc cuando dice las palabras del verso 2? ¿No crees que esto puede considerarse como una falta de respeto a Dios? ¿Qué te dice acerca de la desesperación de Habacuc?

4. La palabra «cuándo» se repite varias veces. Esta palabra habla de tiempo. Habacuc necesitaba aprender a tener paciencia. ¿Cómo te afecta ser impaciente a la hora de esperar la justicia de Dios?

5. Habacuc al final no recibió SU justicia, sino la justicia de Dios. Dios le respondió de una manera específica en Habacuc 3:17-19 (leer el pasaje).

    - ¿Cuál sería el panorama negativo de Habacuc en el verso 17? (sin fruto, cosecha, ovejas y ganado).
    - ¿Cuál es la respuesta del profeta a pesar de no recibir lo que para él era justo? (verso 18).
    - ¿Cuál es la conclusión de Habacuc en el verso 19?

6. ¿Qué puedes hacer cuando sientes que la vida es injusta?

7. Mira lo que escribe el salmista en el verso al final de esta hoja. ¿Qué importa más, la justicia de los hombres o la justicia divina? ¿Por qué?

> Justo es el Señor, y ama la justicia; por eso
> los íntegros contemplarán su rostro.
> **Salmo 11:7**

¿Y AHORA QUÉ?
HOJA PERSONAL

Haz una lista de al menos tres ocasiones recientes en las que consideras que han sido injustos contigo (ten en cuenta a tus padres, hermanos, compañeros de la escuela y amigos).

1. _____.
2. _____.
3. _____.

Ahora haz una lista de al menos tres ocasiones recientes en las que consideras que TÚ has sido injusto con Dios u otras personas.

1. _____.
2. _____.
3. _____.

La justicia significa darles a los demás lo que se merecen. Sin embargo, también implica que tú mismo recibas lo que mereces. El perdón, por otro lado, es darle a alguien un regalo inmerecido, así como tú has recibido el regalo del perdón de Dios. ¿Por qué no decides perdonar a estas personas en el día de hoy?

LECCIÓN 9
SOFONÍAS PRESENTA
SUPERSTICIONES SINCRETISTAS

OBJETIVOS

Que los jóvenes:
- Aprendan que consultar el horóscopo y otras prácticas relacionadas con la astrología están en contra de la voluntad de Dios.
- Conozcan que vivir una doble vida con Cristo y el mundo no forma parte del plan de Dios para ellos.
- Aprendan a confiar en la voluntad buena, agradable y perfecta de Dios.

TEXTOS CLAVES
Sofonías 1:4-6, 9; Romanos 12:2

LO QUE NECESITARÁS
- Lápices para todos.
- Hojas de papel y cinta adhesiva.
- Papeles pequeños para cada uno.
- Copias de «Mi confianza» para todos.

PARA EMPEZAR: ROMPEHIELOS (10 MINUTOS)

Opción A (10 minutos): Conforme los asistentes vayan ingresando a la clase, dales un papel para que escriban una superstición que tengan o hayan escuchado mencionar a sus amigos o familiares. Luego pídeles que las comenten. Pueden escoger la superstición más descabellada que alguno haya escrito.

Opción B (10 minutos): Puedes pegar varias hojas de papel por todo el salón de clases con los encabezados: suerte, estudios, espiritual, amigos, naturaleza, cielo y otras áreas. Pídeles a lo jóvenes que anoten algunas supersticiones que conozcan relacionadas con cualquiera de estas áreas. Luego pueden discutir el significado de cada una.

CASO DE ESTUDIO (10 MINUTOS)

Preséntale el siguiente caso al grupo.

Adela y Sofía son buenas amigas. A Adela le encanta revisar el periódico y la Internet todos los días para saber lo que dice el horóscopo y qué le deparará el destino. Ella cree que las estrellas, los astros y la suerte la pueden ayudar a vivir mejor. Es por eso que siempre está pendiente de lo que sucede en la astrología y el universo. Sofía, por el contrario, no cree en eso. Ella considera que uno mismo se forja su propio destino. Piensa que la fuerza interior es lo que lleva a las personas a tener éxito en la vida y que todo les salga bien. ¿Cuál de ellas está en lo correcto? ¿Por qué las personas confían en estas corrientes de pensamiento? ¿Acaso los horóscopos dicen la verdad?

TRASFONDO GENERAL (5 MINUTOS)

Explica que Sofonías, cuyo nombre significa «Jehová esconde», se enfrenta al pueblo de Judá (el reino del sur) y les hace ver ciertas prácticas incorrectas que realizaban. Otra parte de su profecía está dirigida a otros pueblos, pero principalmente se enfoca en el pueblo de Dios.

Al principio del libro les recalca algunas prácticas paganas que llevaban a cabo:

- En Sofonías 1:4 se refiere a la adoración a Baal, dios cananeo, y a Aserá o Astarté, la diosa femenina.
- En Sofonías 1:5a habla de los que se postran ante el ejército del cielo, es decir, las estrellas, haciendo referencia a una práctica cúltica astrológica llamada sabeanismo.
- En Sofonías 1:5b menciona a los sincretistas, es decir, a los que adoran al mismo tiempo a Dios y a Moloc (también llamado Milcom), una práctica que estaba prohibida desde hacía mucho tiempo (Levítico 20:1-5).
- En Sofonías 1:6 nombra a los que se apartan totalmente de Dios.
- En Sofonías 1:9 se dirige a los que son supersticiosos. Este verso hace referencia a 1 Samuel 5:5 (mala suerte).

Sin embargo, al final del libro habla del futuro de Jerusalén (la capital de Judá y una ciudad importante desde la perspectiva espiritual), así como de la bendición de Dios para sus habitantes.

AL GRANO: EJE CENTRAL (25 MINUTOS)

En este momento lee en voz alta lo siguientes versos:

«Extenderé mi mano contra Judá y contra todos los habitantes de Jerusalén. Exterminaré de este lugar todo rastro de Baal, y hasta el nombre de sus sacerdotes; a los que en las azoteas se postran en adoración ante las estrellas del cielo, a los que, postrados en adoración, juran lealtad al Señor, y al mismo tiempo a Moloc, a los que se apartan del Señor, y no lo buscan ni lo consultan» (Sofonías 1:4-6).

«No se amolden al mundo actual, sino sean transformados mediante la renovación de su mente. Así podrán comprobar cuál es la voluntad de Dios, buena, agradable y perfecta» (Romanos 12:2).

Luego relaciónalos con el contexto que previamente explicaste. Puedes decir algo como:

Los israelitas estaban viviendo vidas dobles. Por un lado adoraban a Dios y por el otro seguían las prácticas mediante las cuales otras naciones adoraban a sus dioses. Sofonías se enfrenta al pueblo y le hace saber lo mismo que Pablo siglos más tarde nos diría a toda la iglesia: Hacer la voluntad de Dios y no poner nuestra confianza en estas cosas trae bendición a nuestras vidas.

Divídelos en grupos más pequeños y entrégales una copia de «Mi confianza» al final de la lección.

Para cerrar esta sección puedes comentar algo así:

La época en la que estamos viviendo es muy similar a la que vivió el pueblo de Dios durante el tiempo de Sofonías: Ellos le rendían culto a las estrellas y los astros, además de ser supersticiosos. Eso los llevó a alejarse de Dios y confiar en sus supersticiones u otras fuerzas naturales. Sin embargo, vemos que Dios espera que sus hijos confíen en que lo que él dijo se cumplirá, sus promesas son reales, y las consumará de acuerdo a su voluntad. Dios quiere que aprendamos a confiar en él y su buena voluntad de una manera total. No desea que confiemos en el horóscopo o cualquier chamán que nos quiera «revelar» algo, sino que descansemos en el hecho de que él controla cada detalle de nuestra vida.

APLICACIÓN GENERAL (5 MINUTOS)

Desafía a los jóvenes a orar durante esta semana por alguien que esté enfermo o necesite alguna cosa en particular de parte del Señor. Explícales que el desafío es confiar en la buena, agradable y perfecta voluntad de Dios, y no en ningún otro medio humano que hable acerca del destino o la suerte de las personas. Pídeles que lo anoten en la hoja de trabajo y lo tengan presente.

APLICACIÓN PERSONAL (5 MINUTOS)

¿Acaso consultan el horóscopo? ¿Las cartas? ¿Practican la lectura de la mano? ¿Utilizan la guija? Desafíalos a dejar de hacerlo y a confiar en la voluntad de Dios para sus vidas. ¿Hay alguna necesidad específica? Guíalos a poner esas peticiones en las manos del Señor, comentándoselas a otra persona para orar durante la semana.

MEMORIZACIÓN DE VERSÍCULOS (10 MINUTOS)

En esta ocasión puedes inventar ademanes (movimientos corporales) de modo que los jóvenes relacionen algunos con las distintas partes del texto. Puedes improvisarlos tú mismo o pedirle a otro de los asistentes que los invente antes de la clase y los enseñe en este momento.

«No se amolden al mundo actual, sino sean transformados mediante la renovación de su mente. Así podrán comprobar cuál es la voluntad de Dios, buena, agradable y perfecta» (Romanos 12:2).

HOJA DE TRABAJO
EJE CENTRAL

MI CONFIANZA

Vivimos en una época en la que se hace mucha referencia al poder del universo, las estrellas y los astros. Los programas televisivos relacionados con estos temas son frecuentes hoy en día, y también se hace alusión a ellos en los periódicos, las páginas de la Internet, las redes sociales virtuales, las estaciones de radio y otros medios de comunicación. Los que poseen estas supersticiones confían en que la vida y las cosas son productos de estas fuerzas.

¿Cuáles programas conoces que tienen este corte?
_____.
_____.

Por otro lado, existen personas que se enfocan también en «el poder del hombre». La época humanista en la que vivimos nos lleva a creer que podemos lograr todo lo que queramos. «Tan solo créalo y atráigalo», afirman algunos.

Hagamos una lista de las expresiones que hemos escuchado que la gente usa relacionadas con la idea de que es posible obtener todo lo que queremos en la vida.

1. Que las fuerzas del universo te acompañen.

2. Usted solo créalo y será hecho. (Esto muchas veces es humanismo disfrazado de fe).

3. _____
_____.

4. _____
_____.

5. _____
_____.

6. _____
_____.

7. _____
_____.

Santiago 4:15 dice: «Más bien, debieran decir: "Si el Señor quiere, viviremos y haremos esto o aquello"». Busca los siguientes textos y anota lo que dicen en cuanto a cómo deberíamos actuar con respecto a nuestros sueños y deseos:

Mateo 6:33
_____.
_____.

Salmo 56:11
_____.
_____.

Mateo 24:35
_____.
_____.

Salmo 27:4
_____.
_____.

Hechos 24:15
_____.
_____.

Hebreos 10:35

_____.
_____.

Mateo 28:20b

_____.
_____.

¿En qué necesito confiar en Dios de forma personal? Anota aquellas cosas que necesitas confiarle a Dios.

1. _____
_____.
2. _____
_____.
3. _____
_____.
4. _____
_____.
5. _____
_____.

¡Y eso que ni siquiera saben qué sucederá mañana! ¿Qué es su vida? Ustedes son como la niebla, que aparece por un momento y luego se desvanece. Más bien, debieran decir: «Si el Señor quiere, viviremos y haremos esto o aquello».
Santiago 4:14-15

LECCIÓN 10
HAGEO PRESENTA
LA BÚSQUEDA DE PRIORIDADES

OBJETIVOS
Que los jóvenes:
- Puedan identificar las cosas que tienen prioridad en sus vidas.
- Puedan evaluar si las prioridades en sus vidas están organizadas en el orden correcto.
- Aprendan a establecer prioridades basándose en los principios bíblicos y no en sus emociones.

ANTES DE EMPEZAR
1. Preparación del ambiente:
   - Inicia la lección en el contexto de un laboratorio.
   - Vístete con una bata blanca y si puedes conseguir tubos de ensayo y cosas por el estilo, mejor. Intenta darle vida a tu escenario. Que los jóvenes puedan darse cuenta de que estás experimentando en un laboratorio.

2. Preparación de materiales:
   - Busca con anticipación un recipiente de vidrio de unos cuatro litros. Asegúrate de que tenga tapa. Luego busca piedras de río (esas que son redondas y no tienen bordes filosos).

TEXTOS CLAVES
Hageo 1:2-8;
Colosenses 1:18

LO QUE NECESITARÁS
- Copias para cada grupo del «EJE CENTRAL».
- Tarjetas de cartón o cartulina para todos de unos doce por seis centímetros. La idea es que puedan guardarlas en sus bolsas con facilidad. Necesitarás al menos seis por persona (una la utilizarán al final y las otras cinco se las llevarán a casa).
- Lápices o lapiceros.

Necesitarás algunas grandes y otras medianas, además de un poco de arena.
- La idea es que antes de la reunión practiques colocando unas cuantas rocas grandes en el recipiente, seguidas de las rocas medianas y finalmente de la arena (este orden es importantísimo, así que no empieces de otra forma).
- Si lo haces correctamente, las piedras no se acomodarán en el recipiente con su respectiva tapa a menos que sigas ese orden. Si una vez que has elegido la cantidad de piedras y arena que vas a usar te das cuenta de que puedes acomodarlas en el recipiente de otra forma y en otro orden, vuelve a escoger las piedras con cuidado. Tal vez te hagan falta más piedras grandes. Repito, la idea es que la ÚNICA forma de acomodar bien todo y colocar la tapa sea haciendo las cosas en ese orden: piedras grandes, piedras medianas y arena.

PARA EMPEZAR: ROMPEHIELOS (15 MINUTOS)

En tu laboratorio, coloca el recipiente de vidrio junto con las piedras y la arena bien separadas unas de otras. No te olvides de la tapa, ya que es muy importante. Empieza con un comentario acerca de que tienes un problema y no puedes resolverlo. El reto es introducir todas las piedras y la arena en el recipiente y colocar la tapa. Después de varios intentos fallidos, pídele a uno de tus jóvenes que te ayude. Escoge con cuidado a quién le vas a pedir su colaboración. Hay algunos jóvenes muy «experimentados» que, si saben el «truco», te pueden estropear la ilustración. Una vez que el joven lo intente, sucederán dos cosas:

1. Que lo resuelva. En tal caso pide un aplauso para el chico y luego di:

Así que la clave que nos enseñó Rodolfo es poner primero las cosas mas grandes, luego las medianas y finalmente las mas pequeñas. Aquí el orden es muy importante, de otra forma no se podría lograr.

2. **Que no lo resuelva.** En tal caso pídele previamente a uno de tus líderes que levante la mano y haga la misma explicación, mientras va resolviendo el problema. Luego tú puedes continuar diciendo:

En la vida, como en el laboratorio, el orden en que hagamos las cosas puede determinar si tendremos éxito o no. A esto le llamamos priorizar o poner las cosas en orden. Las prioridades responden siempre a la pregunta: «¿Qué es lo más importante?». Y entonces debemos hacer eso primero, dejando para el final las cosas pequeñas, como la arena, que no son tan importantes. A esto también se le conoce como tener una buena administración del tiempo, y en la Biblia se le denomina buena mayordomía. En el día de hoy vamos a conversar acerca de este tema.

CASO DE ESTUDIO (10 MINUTOS)

Reúne a los jóvenes en grupos pequeños, luego preséntale este caso a todo el grupo y permite que discutan con un facilitador las siguientes preguntas:

Allan es un típico adolescente de quince años y amante de los videojuegos. La Navidad pasada su madre le regaló una consola muy moderna de juegos de vídeo. Allan está emocionado y pasa mucho tiempo jugando. Su madre no le ha dicho nada porque están de vacaciones, pero a la semana siguiente empezarán las clases. Por lo general él es muy buen estudiante, razón por la cual su mamá le dio el obsequio. Sin embargo, las calificaciones de los primeros exámenes de la secundaria son muy mediocres, de modo que la madre de Allan se muestra preocupada. Él simplemente se limita a decir: «Pasé el examen, es suficiente». Parece no ser consciente de cuánto han bajado sus notas. Allan se pasa al menos tres horas por las noches jugando, de modo que le cuesta mucho levantarse en las mañanas. Durante todo el día se siente cansado y no pone atención, esperando que llegue la noche para jugar una vez más. Está estudiando de manera «condensada» (repasando cuatro horas seguidas antes del examen), pero los resultados no son buenos. Su madre es una mujer que se acuesta temprano porque debe trabajar, pero esta noche, mientras se dirigía a la cocina por un vaso de agua, se encontró a Allan a las dos de la mañana enfrascado en una misión a fin de rescatar al mundo en sus videojuegos. Ella lo regañó y lo mandó a dormir, no sin antes amenazarlo con prohibirle jugar a menos que mejorara sus notas en la secundaria. Allan está frente a una decisión difícil. Su mamá espera una respuesta suya a la mañana siguiente. ¿Qué harías y le dirías a tu madre si fueras Allan? ¿Cuál es el verdadero problema que él tiene?

TRASFONDO GENERAL (5 MINUTOS)

Explícales a los chicos que el pueblo de Judá había sido llevado cautivo a Babilonia y durante setenta años sirvieron como esclavos en este lugar. Fueron llevados cautivos por los babilonios, pero al poco tiempo las cosas cambiaron, pues Persia se convertiría en el nuevo poder mundial, lo cual les dio la oportunidad de regresar. Este retorno se llevó a cabo en tres grupos, bajo el mando de Zorobabel, Esdras y Nehemías. Cuando los judíos regresaron a su tierra, se enfrentaron a muchas dificultades, ya que hacía setenta años que la región había sido abandonada. ¿Te imaginas en qué condiciones se encontraría la ciudad después de setenta años de abandono y conquista? En realidad, lo que encontraron fue un caos. Las casas tuvieron que ser reedificadas, la vida comercial precisó comenzar de nuevo, la tierra debió ser preparada y hubo muchas otras cosas que remediar. Sin embargo, el tema principal del mensaje de Hageo es que se olvidaron de hacer algo de vital importancia. Para el judío de aquel entonces la vida misma giraba alrededor de Dios, o al menos así debería haber sido. Esto significaba que para un pueblo en cuya mente Dios estaba ubicado en un lugar en particular, el templo resultaba muy importante. (Tal vez recuerdes algunas cosas del Antiguo Testamento como el arca, el tabernáculo, la columna de nube y de fuego. Estos elementos significaban que era allí donde Dios se encontraba. El concepto de un Dios omnipresente no estaba tan claro en la mente de aquellos antiguos como lo está hoy en la nuestra). Tales judíos habían invertido una gran cantidad de tiempo, esfuerzo y recursos a fin de construir sus propias casas, pero se habían olvidado de la casa del Señor. Es entonces que Hageo levanta su voz y denuncia que las prioridades del pueblo están invertidas. Él hace un llamado a poner primero lo primero.

AL GRANO: EJE CENTRAL (25 MINUTOS)

Con los grupos pequeños anteriores, discutan las preguntas del «EJE CENTRAL». Al final de la discusión puedes cerrar esta sección de la siguiente manera:

Si Dios es lo primero en nuestras vidas, entonces él nos proporcionará todo lo que necesitamos. ¿Cuál sería nuestra calificación si tuviéramos que evaluar qué prioridad tiene Dios en nuestra vida hoy? (Permite que respondan). Tengo una estrategia para aquellos que deseen poner primero lo primero. ¿Quiénes se animan?...

APLICACIÓN GENERAL (15 MINUTOS)

1. Entrégale una tarjeta de doce por seis centímetros a cada chico junto con un lápiz o lapicero. Pídeles que en un lado de la tarjeta escriban al menos diez o doce cosas que deben hacer *esta semana.* Pueden ser actividades que ellos consideren importantes o no, incluyendo desde estudiar hasta cortar el césped o jugar videojuegos. Aclárales que *no* pueden usar el otro lado de la tarjeta. Motívalos a que involucren a Dios en estas cosas que deben hacer.

2. Una vez que hayan terminado, pídeles que le den vuelta a la tarjeta y cuadriculen el reverso de la siguiente forma:

A	B
C	D

3. Ahora deberán escribir una vez más, pero lo que harán en este momento es distribuir las doce actividades que anotaron en el otro lado de la tarjeta por categorías.

4. Explícales que en el recuadro **A** deben anotar aquello que es importante y no pueden posponer ni dejar de hacer. En el **B** lo que es importante, pero podría esperar. El recuadro **C** es para las actividades que no son muy importantes, y el **D** para las cosas sin importancia y que harán solo si les sobra el tiempo.

5. Este sencillo método los ayudará a comprobar qué es lo más importante que deben hacer en sus horarios regulares. La idea también es que NO se dediquen a realizar las tareas anotadas en el recuadro B hasta que no hayan terminado todas las del A.

6. De esta forma sentirán que en realidad aprovecharon el tiempo y le dieron prioridad a las cosas que eran importantes.

APLICACIÓN PERSONAL (5 MINUTOS)

1. Esta sección será muy similar a la anterior, así que prepara al menos cinco tarjetas en blanco para cada persona.

2. Ahora es el momento de exhortarlos a que asuman el reto de ordenar y disciplinar sus vidas y horarios.

3. Entrégales tarjetas *solo* a aquellos que en realidad se comprometan a hacer un esfuerzo y ordenar su semana.

4. Emplea cinco tarjetas para cinco días diferentes. Las mismas deben:
   - Ser diarias y específicas.
   - Ser reales (no pretendan hacer mil cosas en un solo día).
   - Contener actividades relacionadas con Dios (leer la Biblia, orar, asistir a las reuniones, etc.).
   - Incluir una calificación (al final del día, si de diez cosas solo hicieron cuatro, obtendrán cuarenta puntos que deberán anotar en la tarjeta).

5. Los chicos deben rendirte cuentas al final de la semana, así que pídeles que traigan sus tarjetas. Esto los animará a hacer un mayor esfuerzo.

6. Termina orando por tus chicos y su semana.

MEMORIZACIÓN DE VERSÍCULOS (10 MINUTOS)

«[Jesús] es el principio, el primogénito de la resurrección, para ser en todo el primero» (Colosenses 1:18).

HOJA DE TRABAJO
EJE CENTRAL
Hageo 1:2-8

1. Lean el pasaje bíblico versículo por versículo y vayan respondiendo.

2. En el verso 2, ¿por qué crees que la gente consideraba que aún no era un buen tiempo para construir la casa de Dios? ¿A qué se refieren con «la casa del Señor»?

3. Según el verso 4, ¿por qué sí era un buen tiempo para construir sus propias casas?

4. ¿Qué comparación establece el profeta en el verso 4? ¿Cuáles son estas dos casas? ¿Para qué se usaba cada una? ¿Quiénes eran los dueños de ellas?

5. ¿Cuál es el reto que Dios les lanza en el verso 5? ¿Qué significa reflexionar?

6. ¿Qué problemas estaban teniendo los israelitas en sus vidas cotidianas (verso 6)? ¿Cuál era la raíz de esos problemas? (No habían puesto sus prioridades en orden).

7. ¿Notas alguna similitud entre los versos 5 y 7? ¿Por qué Hageo repite la expresión?

8. Observa la progresión que aparece en el verso 8. ¿Cuál es el orden de las cosas? Déjalos que participen, luego muéstrales que:

El pueblo:

- Va a los montes.

- Trae madera.
- Reconstruye la casa de Dios.

Entonces Dios:

- Se agrada de lo que hacen.
- Manifiesta su gloria (bendice).

9. El Señor demanda primero obediencia. Dios desea que nos organicemos y le demos más importancia a él que a nosotros mismos, entonces nos bendecirá.

10. ¿Qué cosas deberíamos poner en primer lugar, antes que las propias?

11. Al final de la hoja encontrarás unas palabras pronunciadas por Jesucristo. ¿Qué pide y qué ofrece nuestro Dios? ¿No les parece que es un buen orden para establecer en la vida?

> Más bien, busquen primeramente el reino de Dios y su justicia, y todas estas cosas les serán añadidas.
> **Mateo 6:33**

LECCIÓN 11
ZACARÍAS PRESENTA
NUEVOS INICIOS

OBJETIVOS
Que los jóvenes:
- Reflexionen con respecto a sus acciones pecaminosas actuales.
- Puedan saber que Dios brinda segundas oportunidades a pesar de cualquier pecado.

TEXTOS CLAVES
Zacarías 1:3;
Salmo 32:5

LO QUE NECESITARÁS
- Lápices y hojas para los equipos.
- Copias de «Empezando de nuevo».
- Impresiones de la tarjeta «Acceso a Dios» para cada uno.

PARA EMPEZAR: ROMPEHIELOS (10 MINUTOS)
Puedes formar dos equipos. Uno de ellos hará una lista de cuatro personas que consideren que merecían una segunda oportunidad en su campo de desempeño: la política, los deportes, la televisión, la música, el cine, entre otros. (Por ejemplo: El antiguo presidente Clinton luego de su escándalo sexual; Maradona como entrenador de la selección de fútbol). Por otro lado, el segundo equipo hará otra lista de personas que piensen que no merecían una segunda oportunidad y la tuvieron. (Por ejemplo: Britney Spears a pesar de su persistente adicción; Charlie Sheen luego de su mala actitud). Deberán comentar la lista y dar una breve explicación de por qué escogieron a esas personas. Podrías pedirles que incluyan a algunos personajes involucrados en situaciones un tanto divertidas.

CASO DE ESTUDIO (10 MINUTOS)

Preséntale el siguiente caso al grupo y discútanlo entre todos.

Francisco se fue con su padre a otro país buscando oportunidades de trabajo. Ellos dejaron en casa a los hermanos menores y la mamá. Pudieron conseguir trabajo en el nuevo país y durante un tiempo trabajaron muy duro y ahorraron dinero. Siempre habían hablado de regresar a fin de hacer lo que más deseaban: terminar de construir la casa en la que vivían de modo que tuviera las condiciones adecuadas para vivir en ella. Sin embargo, cuando regresaron Francisco se enfocó en otras cosas, como salir con sus amigos y gastar una buena parte del dinero que había ganado. Se olvidó del objetivo de su viaje. Tenía la oportunidad de comenzar de nuevo en su hogar, disfrutar de una casa en mejores condiciones, hacer que su familia estuviera más unida. No obstante, cambió todo esto por estar con sus amigos.

¿Qué te parece la actitud de Francisco? ¿Tenía derecho a gastar una parte del dinero? ¿Hasta qué punto su esfuerzo en el trabajo le daba el derecho de abandonar a su familia de la manera en que lo hizo?

TRASFONDO GENERAL (5 MINUTOS)

Puedes explicarles a los jóvenes que Zacarías fue contemporáneo de Hageo y su nombre significa «Dios recuerda». Además, coméntales que él desempeñó su papel en la historia una vez que el pueblo de Israel regresó del cautiverio que habían sufrido a manos de los babilonios. Su ministerio profético se sitúa alrededor del año 520 a. C. En Zacarías 1:1-6, Dios le da una palabra para el pueblo que constituye un llamado al arrepentimiento, a hacer las cosas de una manera diferente a como las habían hecho sus antepasados por tantos años.

Muchas de las personas que habían regresado a Israel nacieron durante el cautiverio, es decir, en la cultura babilónica, y es muy posible que toda la generación previa hubiera muerto. Zacarías le habla a un pueblo que quizá se sentía extranjero en esta tierra nueva. Solo habían escuchado acerca de Jerusalén, el templo, los sacrificios y otras prácticas. Nada de esto había sido vivido de una forma personal. Era necesario que este pueblo aprendiera a adorar a Dios en el templo y retomara las prácticas que los caracterizaban. Sin embargo, se precisaba comenzar recordándoles lo que había sucedido antes de su generación para que no cometieran los mismos errores. Los primeros seis versos del capítulo uno se enfocan en recordarles a la generación anterior y llamarlos a buscar a Dios. Mucho del resto del libro se refiere a lo que Dios haría de Israel: un pueblo grande entre las naciones, un lugar que todas las personas querrían visitar porque Dios estaría en medio de ellos.

AL GRANO: EJE CENTRAL (20 MINUTOS)

En este momento, lee en voz alta los siguientes pasajes:

«Por lo tanto, adviértele al pueblo que así dice el Señor Todopoderoso: "Vuélvanse a mí, y yo me volveré a ustedes —afirma el Señor Todopoderoso"» (Zacarías 1:3).

«Quien encubre su pecado jamás prospera; quien lo confiesa y lo deja, hallará perdón» (Proverbios 28:13).

Relaciónalos con el contexto que previamente explicaste. Puedes decir algo así:

La instrucción de Dios para esta nueva generación empieza recordándoles lo que la vieja generación había hecho mal, ya que fue muy dura a la hora de recibir su mensaje y obedecerlo. Nosotros también estamos llamados a recibir el mensaje que Dios nos ha regalado a través de su Palabra, a fin de aprenderlo y ponerlo en práctica en nuestras vidas. Este proverbio nos recuerda la importancia de confesar nuestro pecado y abandonarlo; es decir, tenemos que experimentar un cambio de vida con respecto a lo que estamos haciendo hoy que no está acorde a lo que Dios desea para nosotros. Dios nos da la oportunidad de tener nuevos inicios cada vez que caemos en el pecado.

Divídelos en grupos más pequeños y entrégales una copia de «Empezando de nuevo». Para cerrar esta sección, puedes comentar algo así:

El pueblo de Israel regresaba del cautiverio después de setenta años. Antes de esto, Dios les había enviado a muchos profetas que les llamaron la atención durante muchos años, pero ellos no los escucharon, de modo que Dios los destruyó. Esta nueva generación de judíos llegó a Jerusalén y Dios les concedió un nuevo inicio, una nueva oportunidad. Al igual que a ellos, hoy Dios nos da segundas oportunidades a nosotros. A pesar de los pecados que cometemos, el Señor nos perdona. Dios desea que nuestra relación con él no se rompa, así que nos recuerda que solo nos separa una oración de confesión sincera. No dejemos de pedirle perdón a Dios, sin importar cuántas veces podamos caer, ya que él nos asegura que nos perdonará en todo momento si hay un verdadero arrepentimiento.

APLICACIÓN GENERAL (5 MINUTOS)

Desafíalos a que esta semana hagan algo que han dejado a un lado y saben que es importante para su crecimiento, por ejemplo, compartir el amor de Dios con otras personas. Podrían organizar una reunión informal en alguna casa, ver una película, comer algo y compartir el evangelio con los invitados no cristianos que necesiten escuchar una vez más las Buenas Nuevas de Cristo.

APLICACIÓN PERSONAL (5 MINUTOS)

Invítalos a darse una segunda oportunidad para acercarse a Dios: reanudando el tiempo devocional, retomando la lectura bíblica, orando y hablando con Dios, o haciendo alguna otra cosa.

MEMORIZACIÓN DE VERSÍCULOS (10 MINUTOS)

Puedes imprimir la tarjeta «Acceso a Dios» y entregarle una a cada uno de los asistentes a la reunión, a fin de que juntos puedan repetir el versículo en voz alta y luego se la lleven a sus casas.

HOJA DE TRABAJO
EJE CENTRAL

EMPEZANDO DE NUEVO

En nuestra vida muchas veces tenemos que darnos una segunda oportunidad o empezar de nuevo. Algunas veces será en cosas pequeñas, pero en otras ocasiones será en algo mucho más representativo:

1. Reanudar la lectura de un libro que habíamos dejado a medias.
2. Terminar de ver una película.
3. Retomar los estudios después de haberlos abandonado a mitad del camino.
4. Pedirle perdón a un amigo y reestablecer una relación de amistad.

Anota otros ejemplos:

5. _____
   _____.
6. _____
   _____.
7. _____
   _____.

Si se trata de Dios, el asunto es más importante aun. Cuando pecamos nos sentimos mal y creemos que Dios no nos perdonará. Sin embargo, Dios siempre da segundas oportunidades. Algunas veces él expresa su justicia, otras su misericordia, e incluso otras su gracia. Con ello nos brinda otras oportunidades, sin importar qué tan mal hayamos actuado.

Busca los siguientes textos en tu Biblia y responde las preguntas que se formulan:

- Salmo 38:18

1. ¿Qué es lo que produce el pecado en nosotros?

_____.
_____.

2. ¿Qué debemos hacer ante Dios?
_____.
_____.

- Salmo 32:5

3. ¿Qué fue lo que hizo la persona? _____
y _____.

4. ¿Qué hizo Dios?
_____.
_____.

¿Hay algo que quieras confesarle a Dios? ¿Te gustaría empezar de nuevo con relación a algún asunto en particular?

> Quien encubre su pecado jamás prospera; quien
> lo confiesa y lo deja, hallará perdón.
> **Proverbios 28:13**

TARJETA PARA LA MEMORIZACIÓN DE VERSÍCULOS

Acceso a Dios

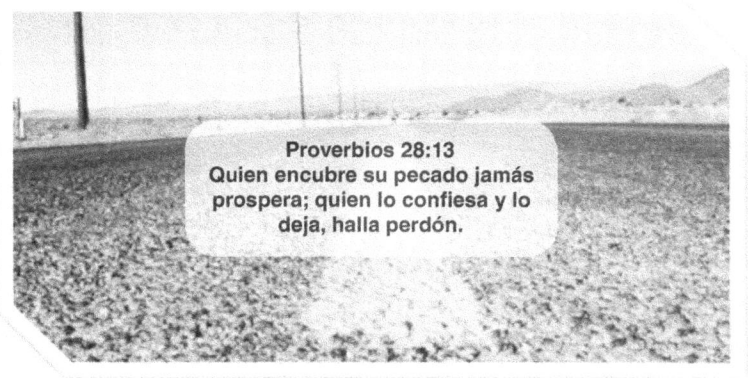

Proverbios 28:13
Quien encubre su pecado jamás prospera; quien lo confiesa y lo deja, halla perdón.

LECCIÓN 12
MALAQUÍAS PRESENTA
LA VERDADERA ADORACIÓN

OBJETIVOS
Que los jóvenes:
- Evalúen sus vidas en cuanto a darle honra y temer a Dios.
- Puedan enfocar su atención en Dios durante toda la vida.

TRASFONDO GENERAL (5 MINUTOS)
Explica que Malaquías es uno de los últimos profetas del Antiguo Testamento. Su ministerio profético se ubica unos cien años después de que los judíos regresaran a Jerusalén de su cautiverio en Babilonia. El templo había sido reconstruido, pues se ofrecían sacrificios de forma regular. El pueblo empezaba a vivir su vida «normal» como nación. Sin embargo, también empezaron a olvidarse de lo que Dios demandaba de ellos. Así que una vez más el Señor envía a uno de sus mensajeros para que les hablara y advirtiera sobre las consecuencias de haberse alejado de Dios. Malaquías además les enseñó cómo Dios quería que lo adoraran. Es entonces que Israel una vez más se identifica con la perspectiva divina en cuanto a la adoración a Dios.

TEXTOS CLAVES
Malaquías 1:6-14;
Malaquías 3:7;
Marcos 12:29-30.

LO QUE NECESITARÁS
- Copias para cada joven de las encuestas «¿Y qué es la adoración?».
- Lápices o lapiceros.
- Hojas pequeñas para cada participante.

PARA EMPEZAR: ROMPEHIELOS (10 MINUTOS)

Adoración: Esta lección en particular requiere que empieces con un grupo muy unido. Así que si sientes que el ambiente está un poco frío, debes llevar a cabo alguna dinámica de integración desde el principio que pueda poner a tus jóvenes «de buen ánimo».

Salúdalos a todos y empieza con esta pregunta:

¿Qué tal si nos disponemos a adorar? ¿Qué les parece?

Espera a que den una respuesta. No continúes hasta que no te contesten. Haz la pregunta varias veces si es necesario. Una vez que todos estén de acuerdo en adorar, empieza tú colocándote sobre el piso de rodillas, con las palmas de las manos y tu frente tocando el suelo. Esta es una posición incómoda, pero asúmela e invita a todos los demás a que también lo hagan. Asegúrate de haber hablado con el resto de tus líderes para que te imiten.

Mientras estás *en el piso* y con voz fuerte, hazles una pregunta a tus chicos: «¿Cómo se sienten?». Espera a que te respondan. Posiblemente dirán cosas como: «Incómodos, tontos, ridículos, adoloridos». Sin embargo, ahí es adonde quieres llegar. Pídeles que se pongan de pie y explícales:

La adoración bíblica tiene que ver con una actitud del corazón. Los antiguos se postraban como recién lo hicimos para evidenciar que sus corazones estaban humillados. La idea era presentarse de esta forma ante la persona que adoraban a fin de dar a entender algo como: «Estoy lo más abajo que puedo, ya que tu presencia es muy sublime y no merezco estar a tu misma altura». Resulta evidente que solo Dios merece nuestra adoración, pero la pregunta que quiero que contestemos hoy es: ¿Lo adoramos como él se merece? ¿Es nuestra adoración única, exclusiva y de corazón?

Vamos a analizar algunas preguntas para discutir.

ENCUESTA (10 MINUTOS)

Repárteles las hojas de la encuesta a los jóvenes y dales cinco minutos para que las llenen. Luego diles:

Cuando pensamos en la adoración, ¿cuáles son las imágenes más clásicas que vienen a nuestra mente? (Permite que contesten). Es posible que pensemos en personas con las manos levantadas, cantando y disfrutando de un momento sublime con una música de fondo. La Biblia nos habla de muchas maneras más de adorar a Dios, y el libro de Malaquías es un perfecto ejemplo de esto. Vamos a llevar las encuestas a los grupos de estudio, así que no las tiren.

AL GRANO: EJE CENTRAL (25 MINUTOS)

Reparte una hoja del «EJE CENTRAL» por grupo y discutan un poco las preguntas. Al final, concluye de esta manera:

Si somos honestos, debemos aceptar que muchas veces no respetamos a Dios como él lo merece, y por consiguiente no lo estamos adorando. ¿De qué vale venir a la iglesia, levantar nuestras manos y portarnos bien, si en la casa y la escuela no le estamos dando la honra y la obediencia que merece? (Haz una pausa). Sin embargo, Dios es rico en misericordia y grande en amor, y nos da nuevas oportunidades para salir adelante y hacer las cosas bien.

APLICACIÓN GENERAL (15 MINUTOS)

El respeto a Dios se da a nivel personal, pero también a nivel grupal. Solicita que hagan un círculo en el que puedan hablar con franqueza. Reúnelos a todos a fin de mencionar diez maneras en las que el grupo le ha demostrado respeto a Dios, luego oren juntos para que Dios les dé fuerzas a fin de seguir haciéndolo. A continuación (y ahora la cosa se pone más difícil) indiquen diez maneras en las que el grupo NO le ha demostrado respeto a Dios, después oren juntos pidiéndole perdón a Dios y fortaleza para no hacerlo más.

APLICACIÓN PERSONAL (5 MINUTOS)

Entrégale una hoja pequeña a cada chico junto con un lápiz. Motívalos a escribir cinco cosas que pueden hacer esta semana por medio de las cuales le mostrarán un respeto genuino a Dios. No es necesario que sean cosas gigantescas, sino que puede tratarse de pequeños detalles. Ofréceles un pequeño incentivo a aquellos que en la siguiente reunión se animen a compartir lo que experimentaron (un chocolate, una entrada para el cine, etc.).

MEMORIZACIÓN DE VERSÍCULOS (10 MINUTOS)

Jesús dijo que el mandamiento más importante es: «Oye, Israel. El Señor nuestro Dios es el único Señor […] Ama al Señor tu Dios con todo tu corazón, con toda tu alma, con toda tu mente y con todas tus fuerzas» (Marcos 12:29-30).

ENCUESTA

¿QUÉ ES LA ADORACIÓN?

Llena los espacios o haz un círculo en UNA sola opción:

1. ¿Cómo definirías lo que es la adoración?
   _____.
   _____.
   _____.
   _____.

2. ¿Donde adoramos más?
   ___ En casa
   ___ En la iglesia
   ___ En la escuela
   ___ En la calle

3. ¿Cuáles son los recursos que uso con mayor frecuencia a fin de ayudarme durante mi tiempo de adoración personal?
   ___ Música cristiana
   ___ Música clásica
   ___ La Biblia
   ___ Un libro devocional
   ___ Los amigos

4. ¿Cuáles son las cosas o situaciones que fácilmente me impiden tener un tiempo de adoración a Dios?
   ___ Falta de tiempo
   ___ No sé cómo hacerlo
   ___ Distracciones generales
   ___ Poca disciplina

HOJA DE TRABAJO
EJE CENTRAL
Malaquías 1:6-14; Malaquías 3:7

Lean versículo a versículo y contesten las siguientes preguntas:

1. En el verso 6 vemos a un Dios indignado, ¿por qué?

2. ¿Cuál es la relación que Dios mismo establece entre él y los hombres?

3. ¿Qué significa despreciar o menospreciar? (verso 6).

4. ¿De qué forma el pueblo de Israel demostraba su desprecio hacia con el nombre de Dios (versos 7-8)? Recuerden que Dios demandaba para los sacrificios pan fresco y hecho exclusivamente con este fin. Además, los animales ofrecidos *en sacrificio no podían tener ningún tipo de enfermedad o desperfecto físico.*

5. ¿Cómo podemos despreciar a Dios en nuestra vida diaria? Notemos que Dios no habla acerca de cantos o manos levantadas. Está hablando de actitudes de respeto hacia él. Esto es lo que significa la verdadera ADORACIÓN.

6. Considera la declaración de Dios en el verso 11. ¿Cómo se autoproclama Dios aquí? ¿Qué cualidades se atribuye?

7. ¿Qué concepto tenemos de Dios? ¿Es igual al que él posee de sí mismo?

8. ¿Cuál es la verdadera adoración que Dios demanda de nosotros? (Aquí estamos buscando que se mencione la palabra RESPETO. Esto es lo que significa la adoración).

9. En Malaquías 3:7, Dios señala un único requisito para volverse a nosotros. ¿Cuál es? ¿Qué significa para nosotros volvernos a Dios?

10. Desde el punto de vista de Malaquías, ¿cómo estamos a nivel personal y de grupo en el área de la adoración a Dios? ¿Lo estamos en realidad respetando todos los días?

11. Lean el verso que aparece al final de la hoja y expliquen qué significa adorar a Dios en espíritu y en verdad.

Pero se acerca la hora, y ha llegado ya, en que los verdaderos adoradores rendirán culto al Padre en espíritu y en verdad, porque así quiere el Padre que sean los que le adoren. Dios es espíritu, y quienes lo adoran deben hacerlo en espíritu y en verdad.
Juan 4:23-24

Nos agradaría recibir noticias suyas.
Por favor, envíe sus comentarios sobre este libro
a la dirección que aparece a continuación.
Muchas gracias.

vida@zondervan.com
www.editorialvida.com

www.ingramcontent.com/pod-product-compliance
Lightning Source LLC
LaVergne TN
LVHW061216060426
835507LV00016B/1961